民衆宗教を探る

路傍の庚申塔

生活のなかの信仰

芦田 正次郎 著

慶友社

はじめに

道を歩いていると、その交差するところや、神社・寺院の門前や境内、公園などの道沿いに建つ石塔のなかに、猿や鶏を彫り出してあるものを見かけると思う。

それが「庚申塔」である。十年ほど前までは、「古い道を歩いていると」と記述した。しかし、いまは道をと改めるほどに、古道（中世またはそれ以前の道）や旧道（江戸時代の道）も整理されたが、注意してみると、その道路沿いにも、石に神仏の像や名称を彫った「石仏」が建立され、それを納めてある祠・堂が建てられている。庚申塔もその一つである。

古くから人びとの心に沁みついた庚申信仰が産んだ「庚申塔」には、さまざまな像や祈願の言葉（祈願銘）が彫られて、数世紀を経た今日まで人びとに信仰されている。

江戸時代の庚申信仰の話には、七庚申とか五庚申がある。一年三百六十五日または三百六十六日に、六十日ごとの「庚申」が五庚申とはということになるので、ちょっとややこしくなるが、旧暦（太陰太陽暦）について記述しておいた。

庚申塔には、さまざまな仏像もある。それらについて青面金剛にいたるまでの過程として、その塔に彫られた銘文（石や金属に彫った字や文）とともに紹介してあるが、それら銘文のなかには、見馴れない文字（異体字）もあるので、簡単に紹介した。その種類は多いが、判読の手引きとなれば幸いである。

庚申塔に彫られた神仏の数は多く、その一部を紹介した。これらの尊像を解明する一助になればと思う。

幸いにも、筆者は多くの方々と質疑応答する機会を得て、土地によってさまざまに展開した庚申信仰を追及してきた。本書はその一端にふれたものである。これによって庚申塔がもつ特色を見出し、石仏探訪の楽しさを発見していただきたいと思う。

石仏は数も多く信仰方法もさまざまである。最近は、直接ふれる信仰がさかんになったが、それぞれの石仏によって信仰方法が異なるので、十分に配慮していただきたい。こうして庚申塔をはじめとして石仏を訪ねる道しるべとなれば、望外の幸せである。

本書は、写真掲載を許可していただいた各地の社寺をはじめ、書中にお名前を記載させていただいた庚申懇話会諸氏のご協力によってまとめることができた。厚く御礼申しあげる。

この出版の依頼を受けたさい、当然監修していただけたはずの故庚申懇話会会長・小花波平六先生のご霊前に捧げ、先生のご遺志を受け継ぎ、多くの人びとが参加する「石仏めぐり」（巻末参照）を月例会として開催し続けていることを報告させていただく。

路傍の庚申塔——生活のなかの信仰——／目次

第三章　形になった庚申信仰――庚申板碑・庚申塔など――

第四章　庚申信仰と民衆信仰

第一章　庚申塔

——石仏とは——

1　猿や鶏が彫られている石仏を探す

道を歩くと、道沿いや別れ道の角、寺院・神社の境内に文字やさまざまな像を彫った石像が眼につく。そのなかの、猿像や鶏像のあるものが本書の主題である「庚申信仰《こうしん》」によって造立された、庚申塔である。

庚申塔には、そのほかに「庚《こう》」・「申《さる》」・「青面金剛《しょうめん》」と読めるさまざまな文字などが彫られているものや、多数の手を持つ像を彫ったものがある。ただし、このような像で頭や宝冠に馬の首をいただく像は「馬頭観音塔・馬頭塔」である。

庚申塔にさまざまな像や文字などが彫られているのは、わが国の神道や仏教というより中国古代の信仰である「道教」によるものであろう。

庚申塔は庚申塚ともよばれる。「塚」とは、祈願や供養などの対象物を埋めて盛土をしたものをいうが、盛土がなくそのうえに標を立てたものや、その標も含まれる。

江戸時代に建てられた数多くの庚申塔のなかに、眼・耳・口を手で塞いだ三匹の猿を彫ったものが多くあり、それ以外に他の彫像のないものは三猿塔ともよばれている。

庚申塔の特徴は、他の塔と比べてその形や彫られている文字・像が特定できないことである。したがって、石仏（石造物）に関する図書・資料集・研究書・調査記録・報告書などを見る場合、庚申塔・庚申塚の表現に注意しなければならない。道しるべのある場合は「道標」として扱う場合もある。

なお、三猿像は社寺建築の装飾・絵馬などにも見られるが、石仏や絵馬の三猿像は庚申信仰によるものと考える。

石仏とは野仏とか石造文化財・石造美術などの呼びかたがあるが、筆者は「後世に伝える目的で用いられた、石や石材を加工したもの、それに準ずるもの」と考えている。

「用いられたもの」とは、石そのものを礼拝・呪術の対象としたものである。

「それに準ずるもの」とは、セメント・コンクリート・石膏・石粉を接着剤で固めたもの、最近のプラスチックを含めたものなどをさす。これらは材料が異なるだけで、その製作理由はまったく石仏とかわらないためで、金属でも石仏の一部として使われているものを含めている。

庚申塔とは、次のようなものである。

1　猿像のある石仏。

三猿像のある石仏。

三猿とは、眼・耳・口を手で押さえている三匹の猿。

三猿を表す表現のある石仏。

不聞・不言・不見（キカザル・イワザル・ミザル）。三猴。

三猿像以外の猿像（後述）。

2　鶏像のある石仏　ほとんど雌雄一つがいであるが、まれに雄鶏一羽のものもある。

3　年月日銘以外に「庚」・「申」と読める文字のある石仏。

4　「青《しょう》（正・生）面《めん》」・「猿田彦」の文字・「青面金剛」と読める文字のある石仏（これらの第一文字はいずれも「ショウ」または「セイ」と読めるが、庚申信仰では呉音の「ショウ」とよんでいる）。

5　「帝釈《たいしゃく》」・「桓因《かんいん》」と読める文字のある石仏。

6　「三尸《さんし》」など「三」を頭文字とする二字熟語のある石仏。

7　多くの手を持つ像を彫った石仏（八本以内）。前述の馬頭塔以外。

8　頭髪のなかや手足などに蛇像が配されている石仏（青面金剛）。
9　冠をかぶって剣を持つ像のある石仏（帝釈天）。
10　「猿田彦」の文字のある石仏。
11　長い鬚を持つ老人で、多くは裾《すそ》・頭髪・鬚が風になびく像容（猿田彦大神・命《みこと》）のある石仏。
12　地域（明治二十二年〈一八八九〉市町村施行前の村〈旧村〉やそのなかの字《あざ》や集落などの小地域を含む）で「庚申塔・庚申塚」と呼ぶ石仏。

以上のなかで3～5に「と読める文字」と記したのは、石仏に彫刻された文字には、異体字（後述）が多く「庚申」の「庚」には、𢈔・庚・庚（芝川町郷土史研究会『異体文字集』〈一九七三年〉）などが見られるためである。また12は、民衆信仰のことを考える時には、それがその信仰に当てはめられるかではなく、人びとが何をその信仰としているかが重要である。ほかに例が少ないと思われる、弁才天を彫った庚申塔が、東京都足立区千住仲町の氷川神社に祀られている事実さえある。これも庚申信仰の広がりを示すものといえよう。

なお、「像」とは「陰刻（筋彫）」・「陽刻（浮彫）」や「丸彫（全体を立体的に彫り出す。ただし陰刻の字の底が丸い形も丸彫と呼ぶ）」このことで、筆者は仏像型（丸彫）と表現する。

2　庚申塔のふるさと――中国道教の庚申信仰――

道教の三尸観

古代中国には、儒・道・仏という三つの大きな宗教があった。そのうち儒教は、哲学的・道徳的といわれることが多い。しかし、かならずしもそれがすべてでなく、宗教的な一面がまったくないわけではない。次のような説もある。

儒教は、祖先や天を祀るという考え方も強く、ことに祖先を祀る祭文は、末尾に必ず「尚饗《しょうさん》」の二字があって、供えた飲食物を祖先の霊に召し上がってくださいと願うもので、これは霊魂不滅を信じていることの現れで、宗教といえるのではないか。（陳舜臣『儒教三千年』朝日新聞社、一九九二年）

という説である。

道教は、インドに起源をもち中国に渡来した仏教と違い、さまざまな中国の民間信仰に時代ごとに人気のあった神々を多く取り入れており、中国人の宗教意識や精神生活をよく反映した宗教であるという。（窪徳忠『道教の神々』講談社学術文庫、一九九六年）

道教とは、という疑問に答える前に、中国文学のなかで日本人にもっとも知られている『西《さい》遊記《ゆうき》』を見てみよう。

東勝神洲の海中にある花果山の頂上の石から生れた石猿（孫悟空）は、長じて海底の国や幽冥界（地獄）で乱暴し、これをなだめようと天に招かれた。しかしその待遇に怒り、天界を荒らし回り、釈迦如来によって五行山に押さえられた。この物語は、明の時代、十六世紀後半の作品であるが、この孫悟空が暴れた天宮が、道教の天界なのである。

道教は仏教と争い、「道前仏後」・「仏前道後」といわれながら、王宮で席次を競い合ったという。したがって、道教的な「天界（玉皇上帝を主とした世界）」で押さえられなかった孫悟空を、仏教の主・釈迦如来（原文は「仏祖」と記す）が押さえたことは仏前道後的思想によったものといえよう。このころも天界は道教の神の世界とされていたわけである。

前述のように、道教は古くは民間に伝承された信仰や習俗を取り入れたので「民衆道教」とも呼ばれたが、窪徳忠氏は「いまのところ暫定的に中国の民俗宗教と呼ぶことにしておきたい」（前掲『道教の神々』）、陳舜臣氏は「『道教系民間信仰』といっている。適切な表現のように思われる」（前掲『儒教三千年』）と記し、また、「神仙思想を中心に易・陰陽・五行・医学・占星などを含めた不老長寿を目的として仏教の組織や体裁にならってまとめられた現世利益的な自然宗教」とも記している。

この道教（「成立道教」とも呼ばれる）の内容はきわめて豊富で、古代医学から天文学的な分野まで含まれ、そのなかに庚申信仰が含まれているのである。

道教の特色として、人は修行して仙人になれるという考え方がある。仙人や、仙人になる方法をまとめた葛洪《かっこう》（二八四～三六三）の『抱朴子《ほうぼくし》』（三〇三～一七完成）内篇巻六「微旨」（微妙な教えの意）につぎのような記述がある。

人間の体内には三尸《さんし》がいる。三尸には形はないけれども実は霊魂や鬼神のたぐいで、人間の生命を奪うことを目的としている霊的存在である。人間が死ぬと三尸は鬼となって勝手に遊び歩いたり、祀りをうけたりすることができるので、つねに人間がはやく死ぬことをのぞみ、庚申の日ごとに天に上っていって人間の過失を司命の神に告げる。（窪徳忠『世

界宗教史叢書9　道教史』山川出版社、一九七七年）

さらに、この説は緯書（予言を含む経の解説書）にでており、真偽のほどは判からないと書いているが、『抱朴子』巻四「金丹」に三尸虫の消滅・万病治癒の記述があり、同巻一一「仙薬」にも三尸虫の下し方が記されているので、葛洪は三尸の存在を知っていたようである。

以上の記述にある中国の「鬼・鬼神」とは、私たちのイメージする、角のある赤鬼・青鬼のたぐいではなく中国では霊魂のことで、無形であり時にはさまざまなものや人に変化するものである。

庚申の夜と長生きの願い（三尸説の展開）

『抱朴子』において、「身中に三尸あり」と記された三尸は「是以毎到庚申之日」に上天すると書かれている。三尸の初見については、後漢の頃の王充（二七〜一〇一？）の『論衡』では「人腹中有三虫」というが、「三尸」のことかさだかでない。庚申信仰の三尸は『抱朴子』にでてくるのが最初である。

三尸が天に上ると命が縮められるというので、人びとは三尸を除くか、天に上らせない方法を考え出した。庚申日の一定の時間にしか上天しないと考えられたようで、そのためか、『太上三尸中経』（雲笈七籤〈全一二〇巻。「源氏物語」が完成したころ宋の張君房が編集し、一〇一九年に完成した道教の経典〉巻八一）には、「常以庚申之日　上告天帝　以記人之造罪」と記されているが、後文に「兼夜不臥守之　若暁体疲少伏牀　数覚莫令睡熟　此尸即不得上告天帝」とあり、三尸は熟睡しなければ天帝に上告できないのである。

同経は三尸（上・中・下尸）の全貌を示している。「庚申を守る」ため、庚申の夜にねむらず、三尸を除くという考えも生れた。ここに「庚申信仰」が成立したといえよう。

しかし、三尸を除くために、薬を服用することもあった。その方法として、『抱朴子』を含め、窪徳忠『庚申信仰』（山川出版社〈一九五六年〉）には一七種を載せている。同書には、このほかに祈禳法（祈禱法）一五種、オフダ・お守り系五種、百日間「気」だけを飲んで、心を運かせない方法、服気（気を呑む）して心を堅くして一ヶ月で上虫、二ヶ月で中虫、三ヶ月で下虫を殺す方法、六陽時法（鼻から吸って口から出す呼吸の「順気」を、夜半子時《ね》〈午前二時ごろ〉八一回、平日寅時《とら》〈午前四時ごろ〉六四回、正中午時《うま》〈正午〉四九回、晡時申時《さる》〈午後四時ごろ〉二五回、黄昏戌時《いぬ》〈午後八時ごろ〉一六回行う。『太上養生胎気経』に載る）などが記されている。それらのなかには「甕の中に用便をすると、そのなかに三尸虫がいるので綿に包み、東に流れる水の中に葬り、泣きながら『汝死屋地　我得升天』と称え、行きと違う道を帰ってくるが、途中ふりむいてはいけない」(「服餌法」)という具体的な指示まで記されている例が見られる。明らかに三尸を寄生虫と考えていた。

このように三尸駆除法はさまざまな形で考えられたが、結局、三尸を抜け出させないことが第一と考えられた。こうして庚申日に徹夜する信仰習俗がさかんになるのである。

三尸が上・中・下尸の三つと考えられるようになると、これに名前がつき、その居場所・行為まで明らかになってきた。『太上三尸中経』では、上尸は彭倨《ほうきょ》という。人の頭のなかにおり、そのため眼が眩み、髪が落ち、口が臭くなり、皺が出て歯が落ちるという。

中尸は彭質という。腹中にいて物忘れが多くなり、悪事を好み、大食をし、悪夢を見せるという。

下尸は彭矯という。人の足にいて、下品な考えを起し、みだらな心をさかんにするという。

そしてこの三尸の形まで図示されている。『太上除三尸九虫保生経』の図を見ると、上尸は人の姿で衣冠をつけて巻物を持っている。中尸は唐獅子風で口に巻物をくわえている。下尸は人の足の膝から下の部分でその頭に馬の首が載るという異様な姿で、巻物を口にくわえ、しかもその頭上には直立した先端がやや前に曲がる角と牛のような耳が付けられている。

このように「三尸」観が変化し、守庚申の効果も進展して「三守庚申三尸伏　七守庚申三尸滅」（唐代以降の書。窪徳忠『庚申信仰の研究』日本学術振興会、一九六一年）となったのである。

本文の冒頭にあるように、さまざまな要素を含んだ自然宗教（教祖の判然としない宗教）である「道教」に教団が発生する。

山東省に生れた于（干）吉は神から『太平清領書』を授けられ、その集団を「太平道」と名づけたというが、二〇〇年ごろ死んだ。呉の孫権の兄孫策に殺されたともいう。その後、張角によって再建されたが、後漢王朝の政権を狙って一八四年数十万の信徒を率いて反乱（黄巾《こうきん》の乱）を起し、一年足らずで平定された。安徽省《あんきしょう》生れの張陵（張道陵ともいう）によって開かれた「五斗米道《ごとべいどう》」、そのほかさまざまな集団（教団）が生れ、仏教との接触もあったようである。

「庚申信仰」は仏教の影響をうけ、集団で庚申の夜を過ごすことも行われた。これを日本では後に「庚申会《こうしんえ》」という。時期はさだかでないが、日本に渡来する以前のことであろう。

十干・十二支・五行と庚申

三尸《さんし》が上天（以後、昇天と記す）する日は、なぜ庚申の日なのであろうか。実は、この日は「庚」も「申」もともに次のように「金」性の強い日であったからであろう。

古代中国には、二つの順序記号があった。一つは、一〜一〇までを示す文字で「十干」、一つは一〜一二を表す文字で「十二支」である。「十干」は、甲《こう》・乙（いつ、十干以外は「おつ」）・丙《へい》・丁《てい》・戊《ぼ》・己《き》・庚《こう》・辛《しん》・壬《じん》・癸《き》の一〇字（こう・きが二字あるのは日本読みのため）で、わが国では順序記号というより成績順記号（昭和初期の出版物では、一〜図を甲〜図としたものも見られ、これが学校の成績や徴兵検査の良否順記号となる）として用いられた。「十二支」は、子《し》・丑《ちゅう》・寅《いん》・卯《ぼう》・辰《しん》・巳《し》・午《ご》・未《び》・申《しん》・酉《ゆう》・戌《じゅつ》・亥《がい》（し・しんが二文字あるのは日本語読みのため）の一二字で、古代中国人は十二以上の数を表す方法として十干と十二支を組み合わせることを考えたのであろう。十干と十二支の第一字を組み合わせ、順次これを進め、十干第一字の甲と十二支第一字の戊を組み合わせて順送りすると、十干と十二支の最終字、癸と亥の組み合わせのつぎが甲子となり、これを年に当てはめると六十一年目となる。つまり、生れ年と同じ干支になるので満六十歳を還暦と呼ぶ。俗に三尸を伏滅すると百二十歳まで生きられるともいうのは、十干と十二支を一字ずらすともう一組の干支ができるという（小花波平六氏）。

また古代中国には世の中の生成原理といわれる「五行《ごぎょう》」思想があった。「五行」とは、「木・火・土・金・水」である。これに根本理念ともいえる陰・陽（日本では陰を弟《と》、陽を兄《え》と呼ぶ）を当てはめると一〇種になる。これに五行の陽・陰を当てはめた一〇字を、日本ではすべて国語読みとし金はかねと読み「か」と略した。甲《きのえ》・乙《きのと》・丙《ひのえ》・丁《ひのと》・戊《つちのえ》・己《つちのと》・庚《かのえ》・辛《かのと》・壬《みずのえ》・癸《みずのと》と読んだ（五行は「木《き》・火《ひ》・土《つち》・金《か》・水《みず》」と国語読みで、「金」だけ「かね」を「か」と略す）。

この陰陽五行は十二支にも当てはめられたが、この配当の方法に古代中国人の知恵が見られる。陰陽五行の内、中間の「土の陰陽」をかりに除き、木・火・金・水の陰陽の八種とする。十二支は、なぜか二番目の「丑」と次の「寅」から三つ目ごとの、「丑」・「辰」・「未」・「戌」の四種をかりに除いた残りの八種に、木・火・金・水の陰陽八種を当て、かりに除いた、丑・辰・未・戌の四種には、五行のかりに除いた「土」の陰陽を二つずつにした四種を当てたのである。この十二支の場合、陰陽の順序は定まっていないが、十二支を方角に当てはめると、「子」が真北となり、「午」が真南に当る（地球の緯度を子午線と呼ぶのはこのことによる）ので、陰陽の定め方にこの考えもあったかと思われるが、これによって「申」には金の陽があてられ、「庚申」が金の陽が重なる強い日であることも、三戸昇天の日に当てられた一因ではないかと考えられる。十二支には十二種の動物があてはめられ、これもおもに国語読みされ、子《ね》（鼠）・丑《うし》（牛）・寅《とら》（虎）・卯《う》（兎）・辰《たつ》（龍）・巳《み》（蛇）・午《うま》（馬）・未《ひつじ》（羊）・申《さる》（猿）・酉《とり》（鶏）・戌《いぬ》（犬）・亥《い》（猪）と読んだ。この結果庚申は「かのえさる」とも呼ばれるのである。

第二章　日本へ渡来した「庚申」

1　道教の日本渡来

朝廷―幕府（儀礼―信仰）

道教は日本には公に伝えられなかったが、さまざまな形で現在社会に影響を与えている。それらはすべて「私伝」されたと考えられる。

父や母に「夜爪を切るな」、「爪や髪を燃やすな」といわれた人も多いと思う。昔はどの家にも火鉢があったので、つい、爪や毛髪を火で燃やすことを注意されたが、道教では禁忌（タブー）視されていた。これらの行為を行うと悪いことが起きるといわれていたのである。

「道観」（道教寺院）の写真を見ると、柱などに神々の功徳が文字で表されている。近年、埼玉県坂戸市に建てられた「聖天宮《せいてんぐう》」（病を神に祈って治った台湾の人が、その功徳を多くの人に及ぼしたいと思い建立した）のように、角柱には、各面に「柱文」が書かれている。日本の寺院でも、仏堂などの正面左右の柱に神仏の功徳・由来、あるいは寺院の環境などを漢字で書いたり、布に織り出したり、板に彫った「聯（連）」が掛けてあるのを目にするが、これも道教の影響であろう。

「中元」という言葉は本来道教の用語である。旧暦一月十五日を「上元」、七月十五日を「中元」、十月十五日を「下元」といい、それぞれ、天・地・水を支配する神の誕生日に当てていたが、中元が「お盆」「盂蘭盆会」の時期でもあったことなどから、社会生活の節目としての「お中元」の習俗になった。

近ごろでは五月五日に外幟を見る機会も少なくなったが、この幟やそれを縮めた内飾りの幟によくみられる鐘馗《しょうき》は道士であった。唐の玄宗が病で寝ているとき、夢中に官吏試験に落第し自殺した鐘馗が現れ魔を払い、病を癒した。夢から覚め病が全快した玄宗は同じ夢を見た呉道子に絵を描かせ、妖気を鎮める絵として除夜に戸ごとに貼らせた。これが後に端午の節句になったという。鐘馗の絵には剣を抜き、小鬼を摑み、天を睨むものもあるが、中国ではその視線の先に蝙蝠《こうもり》を描いたものがある。これは「蝠」が「福」と同音で幸福を意味し、くるのが遅いと鐘馗が怒っている図といわれる。

中国建築の装飾には、蝙蝠がしばしば使われるが、わが国でも旧家の建物に使われている場合がある。新撰組ゆかりの日野宿本陣（東京都日野市）・渋沢栄一邸（東京都北区飛鳥山公園青淵文庫）の絨緞の模様や古寺の衝立などに見られ、蝙蝠を福と見る考えがわが国にも伝わっていたことが判る。

このように道教は、信仰や社会規範としては継承されなかったが、習俗の面では色濃くその影響を止どめている。その伝えられた時期はさだかでないが、ほぼ推定できる。

空海（弘法大師、七七四〜八三五）は、延暦十四年（七九五）『三教指揮《さんごうしいき》』を完成した。仏教の優位であることを、儒・道・仏三教の対話形式で記したもので、道教についても詳しく書かれている。このことから当時、道教がわが国に伝わっていたことはほぼ明らかであり、「庚申信仰」もこのころ伝えられていたと思われる。これは承和五年（八三八）十一月の記述によって裏付けられる。

廿六日夜人咸睡《みなねむ》らず本国（日本）の正月の庚申の夜と同じ也。

これは同年唐に渡った天台僧・円仁（第三代天台座主《ざす》、慈覚大師、七九四〜八六四）が記した『入唐求法巡礼行記《にっとうぐほうじゅんれいこうき》』の一節である。円仁は大同三年（八〇八）、比叡山に登り、天長五年（八二八）下野国（栃木県）都賀郡で布教した後、入唐した。「本国の正月庚申の夜と同じ」と記しているので、正月庚申日には徹夜の行事が行われていたのであろう。

これについて山中笑（共古と号す）氏は、「三猿塔」という随筆のなかにこの文を載せ、「承和の時既に庚申待ありし証とすべしという説あり」と記している（『共古随筆』温故書房、一九二八年）。

さらに、明治・大正・昭和の三代にわたって活躍した南方熊楠《みなかたくまくす》氏は、「シシ虫の迷信ならびに庚申の話」（『民俗』一巻六号、一九二六年九月）の末尾に「承和五年十一月大師揚州にあり、二十六日の夜はみな睡らず、本国の庚申の夜とおなじきなり……本邦に庚申の夜を守ることあった証拠」と記している。こうして「庚申（初期は正月に限定されたか）の日の徹夜」としての庚申信仰は、残念ながら平安期に庚申の夜をどのように過ごしたかは不明であるが、外来文化として取り入れられたともいえよう。このように三尸は日本ではシシ虫とも呼ばれた。

六十日ごとの庚申の日に徹夜をする習俗は、朝廷行事の一つと考えられたようで、当時の記録には、「庚申の宴」としてしばしば見ることができる。酒宴を開き歌舞音曲に興じていたのである。

これは宮中行事から貴族社会の行事へと展開され、庚申の日に徹夜をすることに意義があると考えられていた。したがって、この夜にはさまざまな催し（歌合せ・詠詩・碁・将棋・双六など）が行われた。

このほか、ときには孔子の像（儒教と道教を混同したのであろう）を掛けた例もあったらしく、次第に宗教的行事も加えられるようになったようである。当初「庚申」は信仰というより儀礼として見られていたようで、その好例が『和漢朗詠集《わかんろうえいしゅう》』に見られる。

『和漢朗詠集』は寛弘九年（一〇一二）ごろ藤原公任《きんとう》（九六六～一〇四一）が編集したもので、漢詩文五八八首、和歌二一六首を選び、これを季節・事項ごとに四季と雑に五分類したものである。「雑」部の内容は「（前略）仙家 附《つけたり》 道士隠倫　山家　田家　隣家　山寺　仏寺　僧　閑居　眺望　餞別　行旅　庚申　帝王附法皇　親王附王孫（後略）」となっている。

「庚申」は仙人になる方法の一つなので、当然「仙家附道士隠倫」に続くべきであり、もし仏教行事と考えていたなら、「山寺　仏事　僧」のいずれかに続くべきであるにもかかわらず、これを「帝王附法皇」の前に配したことは、当時の知識人が道教を信仰というより宮中儀礼として考えていたことを示すものであろう。

「庚申」の項の二つの詩文には、「夜寒初共守庚申」（張籍）・「庚申夜半暁光遅」（菅原道真）と庚申信仰に関した語句があり、これに続く和歌は、「おきなかのえさるかたなきつりふねはあまやさきたつうをやさきたつ」と掛詞に使っている。これに時代を追って修験道・仏教信仰が加わってくるのである。

庚申板碑《いたび》・庚申塔が形として現れるのは後世であるが、この庚申信仰が天台宗の山王《さんのう》と結びつく一因として北斗信仰が考えられる。天台宗の「台」は星の名前であるという。台星とは、古代「北極星」を守る形の星座（星座の形は時を追って変化する）「三台星」のことで、後世、北極星を中心とする星座の信仰が北辰信仰となったものと考えられる。天台山で学んだ最澄（伝教大師、七六七～八二二）は、天台山国清寺の山王祠にならって、比叡山の守護神として山王を祀った。このように天台宗における庚申信仰のはじまりは平安時代にさかのぼると思われる。つまり天台宗の「台」は「臺」の略字ではないのである。

朝廷を含めた貴族社会で庚申の宴などは明治初期まで続けられたが、鶏鳴・暁鐘をもって終った。庚申の徹夜の行事が単なる儀礼に終ることなく、道教信仰として行われるようになったのは、修験道の影響が強いと思われる。

長徳二年（九九六）ごろ成立した『枕草子《まくらのそうし》』には、験者（修験者）が加持祈禱を行い、「もののけ」を退散させた話が記されている。修験者は山岳で修行し、霊力をつけ救済すると考えられていたのである。

不老不死の仙人になることを究極の目的とした道教の修行は、中国ではおもに人里をはるかに離れて点在する泰山・華山・衡山・恒山・嵩山で行われた。わが国では、いくつかの山々を巡って修行が行われることが多かった。『枕草子』のいう験者は、山林や山岳で修行する修験者か人里に定住する修験者かさだかでないが、「もののけ」を加持していることを考えると、人里近くに定住し、しかも貴族の邸に出入りしていたことが明らかであろう。

幕府―民衆（結衆―講）

関東武士のあいだに庚申の習俗が広まったのはいつごろかさだかでないが、『吾妻鏡（東鑑）』建暦三年（一二一三）三月十九日条に「今夜御所ニ庚申ヲ守リ御会有リ」と記されている。この日は「半夜（夜半の意か）ニ及ビ」甲冑姿の武士五〇人余が和田義盛邸あたりを徘徊していたので、用心のため御会は中止された。この記事から二つのことがわかる。一つは、「庚申ヲ守リ」と記すだけでなんら解説を加えていないことである。今一つは、勝会を半夜で中止したと記していることである。本来なら徹夜か鶏鳴まで続けることを承知していた。しかも「勝会」というほど多くの人が集まっていたのである。

「庚申会」の伝播には信仰が伴っている。前項では修験者と清少納言の関係をみたが、鎌倉幕府の登場によって関東に庚申信仰が波及し、在俗の人びとにも広く信仰されるようになった。

かつて貴族層が病気を治すために招いた修験者層の拡大は、民衆にとっても身近なものとなった。したがって、鎌倉幕府に仕えた武士とその支配する土地所有者層などの身辺に修験者が存在し、治病祈願などがさかんに行われることとなった。これらの修験者のなかには、修行の後、町や村に定住し、近世の「里修験」(古寺院や深山幽谷などで修験道の修行は行うが、その後は寺院にこだわらず集落に住んで、加持祈禱や護摩などで人びとの病を治すことにつとめたいわゆる「山伏」)の道をとるものが多くなった。年中行事などの指導にかかわる者も見られ、日待・月待などの先達(先導者)を任される者もでた。

その要因としては、統治者が変る不安定さはあるものの、在地の権力者による民衆生活の保護があると思われる。それによって民衆は「ムラ」に定住し、ときには一定の日に集まることすら可能になったのである。

このような社会のなかで、病を治す法力《ほうりき》を持った修験者に対する尊敬の念は強かったと思われる。当時の病気は、霊魂や心を示す「気」や祟り・恨みによって起こると考えられ、修験者による祈禱とその勧める生薬《しょうやく》を飲むことで治るとされていた。病気を恐れた人びとは、一定の日に徹夜をする「庚申」のことを修験者から聞き、行うようになったのであろう。

この庚申の由来を記したのが『庚申経』『庚申縁起』であった。朝廷の庚申会で、『庚申経』

図１　傅大士（笑い仏）（『仏像図彙』よりトレース、『仏像見わけ方事典』北辰堂〈1987年〉）

によって老子の画像を掲げ呪文を唱えたのは、記録上からいうと久安元年（一一四五）のことである。その後、七、八年を経て鎌倉幕府が行った建保元年（一二一三）以降の庚申会は朝廷の遊宴のみを継承しているようである。

　巻初に三戸上天を記し、庚申日の徹夜をすすめる『老子《ろうし》守庚申《しゅこうじん》求《ぐ》長生経《ちょうしょうきょう》』（江戸時代書写の添書に「庚申経十四頁」をうつしたと記す）は、巻末で「智証大師大唐より請け来り独り三井寺之経蔵に在り世間に流布せず甚以是を秘すべし」（原漢文）という。江戸時代の添書に「智証大師即ち円珍を指すなり」（原漢文）ともある。庚申日の徹夜の習俗を記した円仁の入唐が八三八

～四八年、円珍（八一四～九一）が八五三～五八年、天台山で発見され三井寺に秘蔵されていた『庚申経』を朝廷の庚申会の原典として用いたのであろう。三戸上天し、これを防ぐには庚申日に眠るなと記す、大きな寺院には、かならずといっていいほど「輪蔵」という独立したお堂がある。八角の経巻棚に分れ、多数の経典が納められ、目的の経典を容易に選ぶため回転するようになっている。今日ではこれを参詣者が廻すことによってすべての経典を読んだことになるといわれている。

経蔵によっては、唐服姿で笑う二童子を前にして曲彔《きょくろく》（椅子）に腰掛けた像を祀るところもある。この像（図1）こそ輪蔵を発案した有髪《うはつ》の仏教者傅大士《ふだいし》（四九七～五六九、中国南北朝時代の居士）である。現代の「ファイリング・システム」の祖といえる輪蔵には、傅大士とその子普建・普成《ふじょう》の三体像（笑い仏）が祀られている場合もある。この経は秘本（精査したが三井寺の経蔵にはない〈窪徳忠氏〉）とされていたことが、各地でさまざまに語り継がれた一因であったと考えられる。窪徳忠氏は『庚申経（老子守庚申求長生経）』は『太上三尸中経』を受けた日本の僧侶の著作ではないかと推測している（『庚申信仰の世界――中遠地域の諸相ともたらした人々――』浅羽町郷土資料館〈二〇〇五年〉）。こうして庚申信仰は一種の健康法として、また地域交流を目的として民衆のあいだに伝播していったと思われる。

ことに近世になると、過剰なくらい民衆の結合を嫌った為政者によって集会が制限されるなかで、二ヶ月に一度、地域の人びとが集まる庚申信仰は、情報交換の場となったであろう。「話は庚申の晩」ということわざまで生れたのであった。信仰を目的とした集まりは「講」と呼ばれるが、初期においては「結衆《けつ(ち)じゅう》（仏教では釈迦滅後の集りという）」と呼ばれていた。これは一例に過ぎないが、東京都北区赤羽北の稲荷神社（稗などを備蓄する徳川幕府の飢饉に備えた倉庫跡。かつて守倉《ごくら》稲荷の額があった）境内には、近隣十数ヶ村の結衆の建立した庚申塔ではないが「千日念仏塔」があるが、すべて村ごとに「赤羽村名主伝右衛門結衆五十人」など「村名・名主名」に続けて「結衆何人」と彫られている。これは寛文八年（一六六八）造立なので、江戸初期には主唱者に賛同した人びとを「結衆」と呼んでいたのであろう。後に信仰を同じくする人びとの集まりを「講」と呼び、そのなかで講元・世話人が選ばれたのではないかと思われる。

　庚申信仰の伝播はどのようにしてなされたのであろうか。その一つとして後述のように江戸の商人と出入職人の関係が考えられる。江戸時代初期に造立された何基もの庚申塔に「大工何某」の銘が見受けられる。当時、出入先の「お店《たな》」が建立した際に声を掛けられた大工の名前であろう。もちろんこれによって大工仲間に庚申講があったというわけではないが、職業名があるので、主と従との関係は明確で商人など富裕層からいわゆる町人層へと継承されたことがうかがえる。

このように、民衆に伝播していくなかで生れたのが『庚申縁起』である。さまざまな庚申講が各地にでき、僧侶・神官を主唱者とする講も生れた。現在、目にするさまざまな様式の「庚申塔」が生れた要因の一つであろう。

庚申信仰の原点である上天する三尸は、中国の諸書にもさまざまな名称・形で記されている。一例をあげると、『酉陽雑俎《ゆうようざっそ》』（唐・段成式、八六〇年ごろ）につぎのように記されている。

庚申の日、伏尸は人の過失を言う。本命の日　天曹は人の行為を計算する（中略）。一つは頭のなかにいて、人をして思念欲望を多くさせ車馬を好ませる、その色は黒い。一つは人の腹にいて、人をして飲食恚怒（怒りやすいことか）を好ませる、その色は青い。一つは人の足にいて、殺傷（乱暴の意か）を好きにさせる。七回庚申を守ると、三尸は滅ぶ。三回、庚申を守ると、三尸は降する。〔（　）は筆者注〕

この三尸の名は『庚申経』では、彭琚・彭質・彭嬌となっているが、はじめて朝廷で『庚申経』により「守三尸」として行われた久安元年（一一四五）の呪言は「彭侯子・黄帝子・命児子」という。後に庚申様とも呼ばれる「青面金剛《しょうめんこんごう》」を祀る密蔵院（東京都大田区田園調布南）の真言符（お札）では、彭光子・彭帝子・命児子となっており、『庚申縁起』には、防香子・防教子・防持子とされるなどさまざまである。三尸をまとめて「しゃ虫」・「シシ虫」とも呼ぶが、「ショケラ」と呼ぶ例が多く定着しているようである。

2　庚申と宗教

不老不死から二世安楽

日本に渡来した庚申信仰の徹夜の習俗は受け継がれたものの、その他の面はいささか変化し行われた。日待・月待信仰に准じた造塔さえ行われ、一見同種の信仰とさえ思われるが、これは結果からの見方といえよう。庚申信仰とは、「庚申の日に徹夜をすると、体内の三尸《さんし》がその人の罪を北極星に告げに行き、寿命を縮めることを防いで不老不死の仙人になること」を願うものである。この考えは、日待・月待とはいささか異なっている。

日待・月待は一定の日に集まり、日の出・月の出を待ち、さまざまな願掛けをするが、庚申信仰では、五行《ごぎょう》（木・火・土・金・水）というこの世の構成組織を陰陽に分けた十干と十二支の組み合わせで、金性の強い日を選んで三尸の上天を防ぐ徹夜をすることによって不老不死になるという。このように一定の日を選んで行う行事なので、「庚申」は昔から今に至るまで「年中行事一覧」に類するものには取り上げられていない。

「庚申」の晩には徹夜して「不老不死」を願うが、わが国では「不死」の観念がきわめて薄く、神といえども不死ではない。『古事記』巻初にはかずかずの神名があるが、「独《ひと》り神と成りまして、身を隠したまひき」と記されている。神々も順に死んでいくのである。死を恐れない理由の一つは霊魂不滅の考えであり、生れ変わりであると考えられる。

「不死」の観念の薄いことはわが国の物語に散見している。浦島太郎は禁断の玉手箱を開けて老人となったが、その後の話はない。思いを寄せていた「かぐや姫」が月からの迎えで帰ると、絶望した帝《みかど》は「不死の薬」を日本一の高山の山頂で燃やしてしまった。そこでその山を「フジ」と名づけたという。この『竹取物語』の作者は、始皇帝が「不死の薬」を入手するために徐福を蓬萊国といわれた日本に遣わしたという話をもとにしたのであろう。

『古事記』垂仁天皇の条には、常世国《とこよ》（不老不死の国〈済州島か〉）へ田道間守《たじまもり》を遣わすが、目的は「不死の薬」ではなく、「非時《ときじく》の香《かく》の木の実」（橘）であった。

若狭国（福井県）の海岸に漂着した人が、村人に対して謝礼の宴を開いたところ、見なれない肉があった。だれも食べなかったが、持ち帰った人が戸棚に入れておいたのを手伝いの少女が食べたところ、千年の寿命を得て尼となり諸国を巡って人助けをし、故郷に帰り残り二百歳の寿命を領主に譲って一生を閉じたという「八百比丘尼《やおびくに》」の伝説は各地にあるが、東京都北区上中里にはこの伝説に基づく庚申塔があり、付近に比丘尼東・比丘尼西の小字名があった。また荒川氾濫原の赤羽北・堂山にも居住伝説がある。

日本人に「不老不死」の観念が薄いのは「生れ変わり」の考えがあるからであろうが、楠木正成は「七たび生れ変わって国のために尽くす」と誓っており、霊魂は不滅で同じような人物に生れ変われると信じていたのであろう。今の世だけでなく生れ変わった世でも満足に過ごしたいと願う心を表したのが「現当二世安楽」である。仏教でいう「現当二世」とは、「現世」は現在の世、「当世」は「当来世」で「当《まさ》に来《きた》る世《よ》」の略語であり、「次の世」、つまり生れ変わった世をさしているのである。死後の世界は「後世」という。

「生れ変わり」でも、仏教の場合は修行や善悪によって六道（天道・人間・修羅〈争いの世〉・畜生〈動物〉・餓鬼〈病と飢えの世〉・地獄）のいずれかに仏の判断によって生れるが、日本人は不滅の霊魂によって同じ境遇にも生れ変わることができると考えた。「主従三世夫婦二世」であって、この世において主従でいることとは、前世でも来世でも主従であり、現世の「主従」関係を大切にするようにとの教えである。これに対して夫婦関係は前世または来世しか巡り合わせはないという。つまり、生れ変わった世も人の心は代わらないと信じているからである。不死の観念がないことの現れであろう。

日本の旧暦

わが国の明治以前のいわゆる「旧暦」は、「陰暦」ともいうが、これは誤りで、正確に言うと「太陰太陽暦」で、十九年に七たび閏《うるう》月の年を設け、日・月の動きに合わせた。これが大小の月と閏年である。

いずれも前年に暦が決定・頒布・販売されるまでは人びとには判らない。暦によって翌年は何月が大の月（三十日）で何月が小の月（二十九日）か、閏年か否かが判る。

閏月は何月（大の月か小の月）かもあらかじめは判らないが、決まるとその月の翌月が閏月となり、まったく同じ形で一ヶ月を繰り返すので、閏月のある十三ヶ月の年を「閏年」とよび、四月が大の月の場合は四月の次の五月でなく閏四月とし三十日を重ねた。そのため干支の関係で「七庚申」ができるし、また閏年のない年の場合は三五四日で「五庚申」の年もありえたのである。

祈願—造塔

庚申の日に上天した三戸が訴えるのは北極紫微大帝（北極星）とそれに仕える天官といわれても、当時の民衆には理解できなかったであろう。身分の高い人は御簾《みす》を隔てて姿は見えず、王冠を冠った王など想像できなかったと思われる。

これを示す一例として十三仏信仰があげられる。地獄の王一〇人が一〇回にわたって死者を裁くとされ、その日に先立って裁きを軽くしてもらうため、本地仏（地獄の王の姿を借りて裁きをする仏）を供養すればよいという。一〇人の王に不動明王・釈迦如来・文殊菩薩・普賢菩薩・地蔵菩薩・弥勒菩薩・薬師如来・観音菩薩・勢至菩薩・阿弥陀如来を当て、初七日・二七日・三七日・四七日・五七日（三十五日）・七七日（四十九日）・百ヶ日・一年・三年の裁判の判決を軽くすることを願い、供養する。これを「法事（法要）」という。人の心は弱く、これに阿閦《あしゅく》如来・大日如来・虚空蔵《こくうぞう》菩薩を加え、七年・十三年・三十三年を当てはめた。これが十三仏である。

はじめて年回忌法要が行われたのは、平治の乱で悲惨な死を遂げた信西入道（藤原通憲）の十三回忌法要である。したがって、庚申信仰でも天帝に祈願し、仏を供養することによって功徳を得ようとする考えが強まってきたのである。

しかし、このことによって、三尸上天の信仰がまったく変容したわけではない。仏教世界の中央にそびえる須弥山《しゅみせん》の中腹に三尸になぞらえた四天王（東―持国天、西―広目天、南―増長天、北―多聞〈毘沙門〉天）を配し、その報告を聞く帝釈天《たいしゃくてん》（釈提桓因《しゃくだいかんいん》ともいう）を、「北辰」とする庚申信仰もはじめられ、時刻ごとに配された十二支の本地仏などを供養することによって三尸の禍を避けたという。

『庚申縁起』は一定の書式で書写し伝えられた。縁起によって、時刻ごとに祈る仏の違いはあるが、祈りをはじめるのは戌・亥、終るのは寅・卯となっている。このほか申・酉、午・未というのもあるが、これはごく少ない。なお、十二支による時刻のほか、初・中・後夜、夜半・暁という表現もあるがごく少数で、ほとんどは十二支によっている。これを現代の時刻で表示すると次々行のようになる。日の出から日没を六等分し昼、日没から日の出を六等分して夜とする不定時法によるためである。（二十四節季ごとに変わる。東京時間）

戌（午後七時十二分〜九時）・亥（午後九時十九分〜十時二十二分）には文殊菩薩、寅（午前二時十五分〜四時一分）・卯（午前三時四十七分〜六時十六分）には阿弥陀如来と六観音（聖・十一面・千手・如意輪・馬頭、東密では准胝、台密では不空羂索を加える）と記すものがほとんどである。ここに青面金剛が加わるが、庚申信仰との関わりは言霊《ことだま》信仰によるもので次項において詳説する。

『庚申縁起』『陀羅尼集経《だらにじっきょう》』には、伝尸《でんし》病を患った人が青面金剛の姿を思い浮かべ、千遍呪文を唱えれば治ると書かれている。これについてわが国で編述されたのが次の二書である。一つは『青色大金剛薬叉辟鬼魔法』、一つは『伝尸病口伝』である。とくに前者には伝尸病を治す行法が詳しく書かれている。

伝尸病とはどのような病気であろうか。小花波平六氏は『華民中蔵経』（華陀著、二二〇年ごろの名医）には恐ろしい伝染病で咳が止まず、胸が苦しく、手足や体が痛み、肌のつやがなくやせ、飲食物が入らず、嘔吐し、時には出血し、あるいは歌詠を好み、あるいは悲愁を愛す、などと記されていると語っていた。江戸時代に労咳《ろうがい》といわれた「肺結核」（病状が肺癌末期に似る）のことである。この「伝尸」という字音と書体は「三尸」に酷似していたので、後述するように庚申信仰に結び付けられたのである。

このように、人びとが諸仏を祈って庚申待を続けるなかで、その成果の一つとして石仏を建立する動きが生れたと思われる。

いうまでもなく民衆の信仰となった庚申信仰は、残念ながらその習俗の初発の時期を捉えることは不可能である。しかし多くの『庚申縁起』には、「高さ三丈の塔」・「三重の塔を立て」・「高さ三十丈の塔」と書き、この塔に庚申待をした人の名を納めると記され、今にこの記述は残っている。

造塔供養は仏教にとってきわめて大きな意味を持っている。塔の原点は死者を葬った塚（ストゥーパ）に傘を重ねた形である。このストゥーパが卒塔婆《そとうば》の語源である。塚の上に傘を輪型とし何重にも重ね相輪とよんだ。これがわが国の三重塔・五重塔であり、最上部に「相輪」をのせる。相輪の下の伏鉢《ふくばち》には骨（釈迦の場合は舎利）を納めた。石造の層塔はこれにならったものである。わが国の塔は木造なので「心柱《しんばしら》」（中心の柱）の下に舎利、またはこれに変わるものを埋設したのである。

庚申信仰でも、塔を造ることによって庚申待に参加した意義を高めようとする動きが見られるようになる。初期には阿弥陀如来・観音菩薩・地蔵菩薩などを彫った庚申塔が造立されたが、後に青面金剛が登場してくる。不思議なことに、庚申塔に先立って造立された「庚申板碑」や初期の庚申塔にみられる山王信仰に関するものは種子《しゅじ》（神仏を現す梵字）以外に縁起は見受けられない。

以上のように、民衆に近づいた庚申信仰の流れをより強めたのが『庚申縁起』であり、次のようなことが記されているものもある。

庚申待のやり方を極楽への往生（死んで極楽に生れる）の格式になぞらえて、上品《じょうぼん》は、心を清め身体を洗い、新しい衣服を着て本尊に灯明を捧げ香をたき供物を供える。中品《ちゅうぼん》は、行水をして灯明をともし人びとに酒食をすすめる。上・中品とも南向きに棚をこしらえ、本尊を祀る。下品《げぼん》は人びとが集まって、分にしたがってまつべしなどと記す。さらに縁起のなかには、人びとが国王・大臣・奴婢・百姓・貴賤・男女に生れるのは過去の業因《ごういん》によるが、愚痴らず庚申待をすれば、現世安穏《げんせあんのん》で子孫が繁盛するともいう。こうして国王・大臣の守庚申は武家や民衆の庚申待へと広がり、祈願の成果をさらに高めるための造塔供養へと発展したのである。

3　庚申と民衆信仰——習俗・言霊《ことだま》信仰——

庚申日の徹夜と宴会

前項に記したように、庚申信仰は朝廷の庚申会に準じて鎌倉幕府が行ったことで、関東武士にも受け入れられる一方、修験者などによって儀礼を重視したものから、造塔供養を行う仏教と習合した形へと変化した。

この底流となったのが、日本独特のよい文字や言葉にはよいことが宿るという「言霊信仰」である。わが国では、漢字は一字多音多訓で音には基本的に漢音・呉音があり、訓にいたっては十数種を越える読みもあるという。これに対して一字一音の中国では、「吉祥（よいこと）を持つ文字と同音の文字、吉祥の文字が示したものと同じ形のものがよい」と考える。庚申信仰の対象の一つである「猿」は、「猿猴」とも記されるが、中国では「猴」は「侯」と同音なので「出世」を意味し、「猿」の絵は吉祥画とされる。室町時代に「猿」の絵が宮廷画に見られるが、中国の吉祥画がその原点かと思われる。

庚申信仰の原点である「庚」「申」はともに陰陽五行の「金」性の陽である。中国では、この「金」をもと土中にあり、物を閉じ込め、形を変えることのできるもので、他との争いごとがなければ農具になるという。「金」をいわゆる「金属」として考えている。しかし、わが国では「黄金」の「金」として「かね」と読んだので、「金の兄《かねえ》」とし「ね」を略して「かのえ」と読んだのである。

後述するように、江戸時代ごろから庚申の夜の男女同衾は禁じられた。庚申の夜に妊娠して生れたのが石川五右衛門であるという俗説さえ生れた。庚申の夜の妊娠は避けられても出産は避けられない。そのうえ庚申日の言い伝えは庚申年にまで及んだが、これを救ったのが「言霊信仰」であった。庚申日・庚申年生れの子には「金」にちなむ名をつければよいというのである。つまり、生れながら「お金」を持たせればよく、その代表的人物が夏目漱石（名を金之助という）である。

庚申信仰の集まりに女性が加わらないところもあるが、東京都北区の庚申塔には男女名のもの四基、同行《どうぎょう》男女と彫るもの一基があり、月待の本尊・如意輪観音を彫った塔は三基とも女性だけで建立されている。ただし、庚申に関するもので判読される名は「きん」一名だけである。朝廷の庚申会の例をひくまでもなく、初期の『庚申縁起』には、庚申を守るものは「僧俗男女」と記されている。したがって、ところによって庚申待に男女の区分があるのは、近世になり男性社会的な動向が強まった影響であろう。

庚申待は、日本に渡来した道教が仏教公伝後には、仏教や神道と結びつき定着した庚申信仰によるものである。したがって、さまざまな宗教や民俗の影響を受けたため、その形が特定できなかった。とかく制約の厳しい近世にあっても六十日に一回の庚申待（以下、信仰者の集団を「庚申講」、その行事を「庚申待」とよぶ）は制限を受けなかった。庚申待は、当初、権力者を中心とした「結衆」によって行われたが、後には講の持ち回りによって行われ、庚申待を行う家を「やど」といった。

「やど」は特定の家の場合もあるが、だいたいは持ち回りで行われた。この傾向は昭和三十年（一九五五）代まで続いていたのである。また社寺の一室で行う場合もあった。「やど」では祭壇を設け庚申の軸をかけ、これを拝んだあと宴会が催された。この宴会用の食器は「庚申膳」といい、庚申の軸とともに「やど」を回された。講によっては、このときに講員名簿・帳簿を回すこともあった。

軸は青面金剛（後述）・猿田彦命（大神）の画像や称号を書いた軸、庚申に関連する文字を書いた軸などであった。初期の庚申塔には諸仏の像が見られるので、それら諸仏の軸をかけることがあったのかもしれない。これらの軸に捧げる供物は小豆餅・団子・赤い色の花（造花でもよい）などである。

庚申待の際に行われる勤行《ごんぎょう》には、真言（密教において祈りを強める言葉）や経文を繰り返し称え、これに続けて三尸を抑える「呪文」を称えていたようである。勤行が終ると歓談の場となり、早ければ鶏鳴、遅ければ夜明けまで過ごして終るのである。

ここに昭和三十八年（一九六三）、庚申懇話会の作成した調査項目がある。これによって当時の庚申待の姿を眺めてみよう。以下、項目―類別の順に記す。

塔　人別帳　縁起　戸数　回数　ヤドの順番　ヤドの決め方　職業　日取り　フレ　時間
徹夜―伝承　話ハ庚申ノ晩　出席者　入浴　浄メ　講の順序　軸―収納場所　軸数　神号・仏号　供物―精進料理　経名　真言　雑談話題　拍手・合掌　線香―灯明　供花―赤花―庚申花　団子―牡丹餅を供える　コンニャク　昆布と豆腐　利益　タタリ　神の職能
産と死　夜業　洗濯―裁縫―裁ち物　オハグロ―頭髪　金ヘン　庚申アレ―地震―火事―景気　早寝誦言　ショケラ　費用　米　酒量―酒代　賽銭　積立―会費―無尽―その他
新加入者　加入者　宗派　庚申袴　その他

以上がだいたいの調査項目である。以下、この項目のなかのいくつかを抜き出して見ることにする。

日取り　朝廷や幕府の庚申会はかならず庚申日に行われるのに、民衆に広く受け入れられるようになると、ところによっては庚申日ではなく別の日に行うところもある。これは「十三仏」信仰の影響ではないかと考えられる。

十三仏は死者供養の日に祀ることになっているが、地獄で死者の裁判をする裁判官（本地仏）を祀るので、裁判に間に合えば早ければいつでもよいことになった。したがって、最近では死後数日以内の「お骨揚げ」のあとに初七日の法要が行われるようになった。日は違っても早ければ供養の意義・功徳は変わらないのである。

徹夜―伝承　庚申講の徹夜は鶏が鳴くまでとか暁までとさまざまなので、徹夜の有無と明けの時間を聞き取るとよい。

出席者　女性を避ける場合、はなはだしい例では「ヤド」の軸をかけた部屋への立ち入りを禁じたところもある。一方、女性の造立者銘の石仏もある。

入浴　「ヤド」でする場合と、自宅ですませ「ヤド」へ行くところがある。

講の順序　記されたものもあるが、いつごろからどう変化したかを聞き取るとよい。

軸　後述するように、庚申信仰が民衆化された時期と大津絵の誕生はほぼ同時期と思われる。さまざまな信仰と結びついた庚申信仰の動向が軸の種類によってわかる。「ヤド」で預かるところ、講元などの家で預かるところ、社寺に預けるところなどさまざまである。

軸数　大津絵の影響で多数作られ、浮世絵師などの画いた青面金剛の軸を個人でもつ家もあり、講の軸と並べて掛けるのか、自宅で掛けるのか、さらには庚申日以外にも掛けるのか聞くとよい。

真言　庚申に関しての唱えごと。真言・呪文や経文を縮めたものがある。各地で唱えられる青面金剛の真言の多くはつぎのとおりである。密教の影響で初めに「オン」、終りに「ソワカ」(功徳あれ、成就あれの意)とつくものが多い。

オン　デイバヤキシャ　バンダ　カカカカ　ソワカ

オン　コウシンシンレー　マイタリ　マイタリ　ソワカ

ただし、民衆信仰のこととて、これらの唱えごとは似た音、似た文字に変えて伝わっている例も多い。また庚申講のなかには「諸行無常《しょぎょうむじょう》　是生滅法《ぜしょうめっぽう》　生滅滅已《しょうめつめつい》　寂滅為楽《じゃくめついらく》」を唱えるところもある。

早寝誦言　さまざまな文字・音で表現されるが、これは貴族社会の守庚申にも使われている。

ショウケラや　いねやさりねや　わがとこを
　ねたれぞ　ねぬぞ　ねたれば

この「ショウケラ」は「青鬼羅」の訛りともいわれ、「三尸」を示す言葉と考えられている。この部分はさまざまに表現されている。「しゃ虫」「ほうこうし」などである。唱えごともさまざまであるが、「ねたれば　ねぬぞ」という語句のある唱えごとはすべて同じ願いといえる。

斎藤直樹氏に案内された、埼玉県戸田市美笹公園の仏像型（丸彫）宝永六年（一七〇九）の合掌六臂青面金剛塔の祠堂には、唱えごとを板に書いて打ち付けてある（図2・3）。

猿田彦の命（三回トナイル）　ばんじゃ　ばんじゃ　きしゃばんじゃかかそわか（三回）
　御詠歌

図2　庚申祠　合掌六臂青面金剛　宝永6年
（埼玉県戸田市美女木　美笹公園）

きみょうおうらい　今日はこうしん（庚申）様のお祝いに庚申心様のゆう事には吾等はドウロノハタに居るけれどよしきあしききくけれど見まい聞くまいかたるまい庚申心で申すなり　南無編（遍）照そん（筆者註）

庚申待はさらに諸信仰と結びつく。ただし、その時期はそれぞれ異なり、残された石仏などによって判断しなければならないのが実情である。

念仏信仰との結びつきは、多くの人が集って「となえごと」をして長生を祈るという「念仏講」の念仏信仰形態からみて庚申信仰にとって必然的動向であった。民衆信仰として定着した理由の一つに、信仰を形で表したことがあげられる。六十日一回の庚申待を眼に見える形で残し、そのおり祈願する造塔信仰（石仏造立）によって人びとは二世安楽の願いを果たそうと考えた。

山王信仰との結びつきは「猿」であった。「かのえさる」の信仰が十二支の猿と結びつくのは当然で、それが形象化されるのは庚申塔からである。それ以前の庚申板碑には、上・中・下社の山王二十一仏（社）の種子《しゅじ》（神仏を表す梵字）、仏（神）像などが彫られたが、なぜか猿像はみられない。しかし、初期庚申塔に彫られた猿像は烏帽子、袖のない羽織を身につけ幣を持っていた。

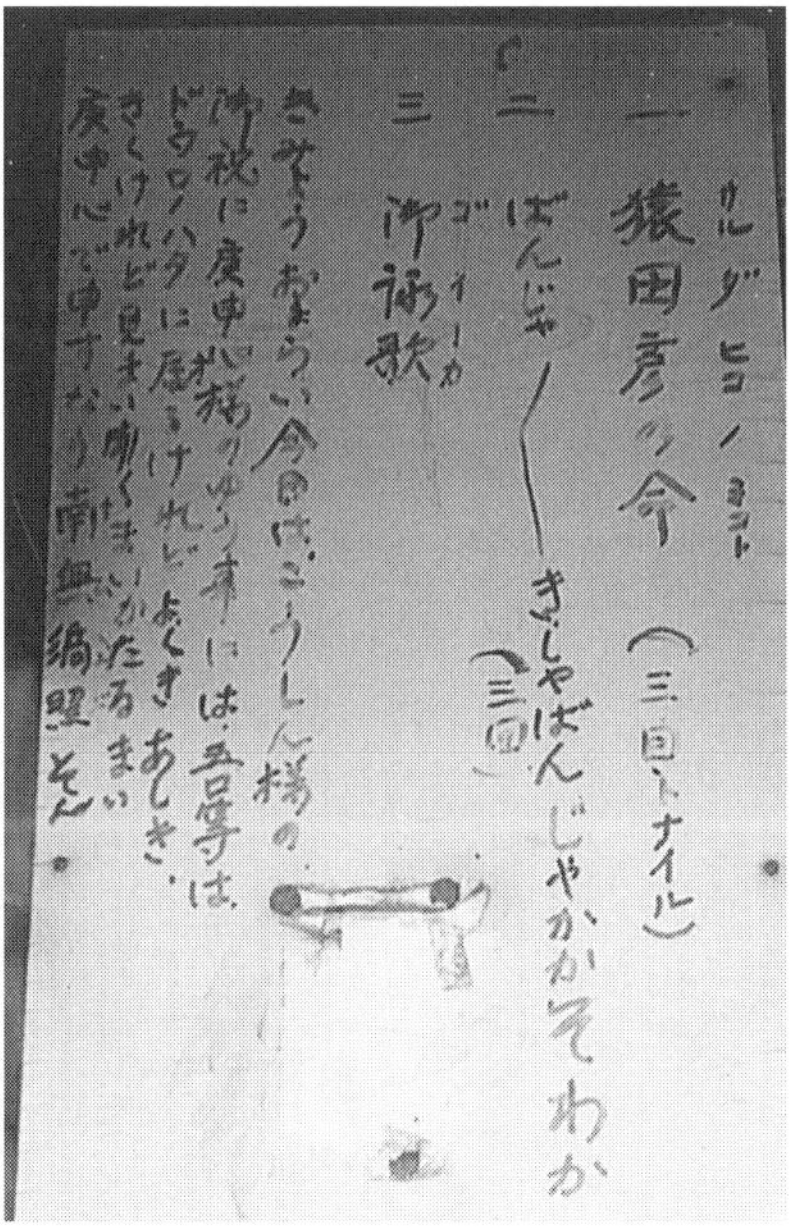

図３　庚申唱え言葉（庚申祠掲示、埼玉県戸田市美女木　美笹公園）

庚申塔は個人で建てるよりも複数の信者によって建てられる場合が多く、一種の公共財といえるので戸外の公共用地に建てられた。これが道祖神信仰の神である猿田彦大（太）神と結びついた一因であろう。猿田彦大神は天下る天照大神の孫神ニニギノ命《みこと》を天《あめ》の八衢《やちまた》に迎えようとしたのを不審に思われた。これを知ったアメノウズメノ命が猿田彦大神を先導者として高千穂の峰に案内したと伝えられる。ここに猿田彦大神は神の先導者として位置づけられたのである。

さらに庚申と猿田彦大神を深く結びつけたのは富士信仰であるといわれている。

富士信仰との結びつきは、富士山（ご神体・木花開耶姫命《このはなさくやひめのみこと》）がニニギノ命の妃《きさき》であったことによる。伝説では孝安天皇九十二年に雲霧が晴れてはじめて姿をみせたが、その年が庚申年であったので御縁年として「北口本宮富士浅間神社」の大祭を行った。

富士山御縁年には、浅間神社ではさまざまな掛軸を出している。日月・富士山・ご神体と一升枡に「三猿」の図柄を画いたもの（米をすりきり一杯にしたもの、山盛りにしたものの二種）、天の八衢《やちまた》に立つ猿田彦大神を画いたもの、猿像を画いたものである。猿像を画いたものでは、三猿像のほか、三七匹の猿を画いたもの、七二匹の猿を画いたものがある。このように猿田彦大神・猿（ことに三猿）の画像は、庚申塔と富士講の結びつきを深めていった。富士信仰が寛政十二年（一八〇〇）の御縁年の掛軸に合掌する猿を画いたのは、庚申信仰が猿に対する信仰であることを認識していた現れであろう。しかも三猿の姿さえ描かれていたのである。後に記す「大津絵」の青面金剛像とともに描かれる図は二猿が多いが、富士講の軸には三猿が描かれており、三猿が定着したあと富士講と結びついたと推察される。

安永三年（一七七四）武蔵野国葛飾郡柴又村の題経寺（柴又帝釈天、日蓮宗）の本堂再建は江戸における庚申信仰の発展に大きな影響を与えた。本堂解体中に日蓮上人がみずから板に彫った祈禱本尊が発見され、そこには帝釈天像が彫られていた。この帝釈天の出現によって庚申信仰は江戸市中に広まっていった。柴又帝釈天は人形町の水天宮、虎ノ門の金毘羅様とともに江戸三大はやり神となり、江戸の庚申堂信者は、柴又に奪われたといわれるほどの賑わいであった。

では、一般的に庚申信仰はどのように捉えられていたのであろうか。筆者はかつて『新編武蔵風土記稿』のなかから庚申信仰に関する地名（一九六〇年当時）を摘記したが、これを再構成して一般の庚申観を探ってみよう。（庚申懇話会『庚申』一九号で発表。二〇〇六年事務局〈若松慶治氏〉校訂『庚申』一二七号に再録。各項末〈現地名〉は二〇〇八年現在）

『新編武蔵風土記稿』文化七年（一八一〇）～文政十一年（一八二八）成稿（句読点を追加）

幕府昌平坂学問所地理局編

豊島郡

1下渋谷村　庚申橋（渋谷区）　2穏田村　小名庚申塚（渋谷区）　3金杉村　庚申社　村持（台東区）　4巣鴨村　庚申塚　中山道の東側にあり、碑に明暦三年三月吉祥日と彫れり。当所は中山道の建場なれば庚申塚の名高くして此辺地名の如く人唱えり。（豊島区）

5上駒込村　庚申堂　西福寺持（豊島区）

葛飾郡

6隅田村　五智堂　庚申像安置（墨田区）　7大畑村　庚申堂　村持（墨田区）　8立石村山王社末社　庚申（葛飾区）　9柴又村　帝釈天像（葛飾区）　10中小岩村　庚申塚二ヵ所一は堤上　一は村民彦左衛門居宅前（江戸川区）　11下篠崎村　神明社　庚申待講中十四名、ほかに棟札二枚あり（江戸川区）　12谷口村　庚申社　村持（埼玉県三郷市）　13番匠免村　庚申社　享保十一年（一七二六）の建立という。（三郷市）　14高宮村　蕎高明神社末社　庚申　猿の石像なり。人は於猿さまと呼ぶ。（吉川市）　15幸手宿　庚申院　伊奈氏寄附の庚申像を堂（本堂か）中に安んず。よって此の院号あり。（幸手市）

荏原郡

16麹屋村　庚申堂　除地十五歩　村内北境　石像の庚申を安んづ。此堂ある故にこの辺を字して庚申塚と呼ぶ。（大田区）17谷山村　庚申橋　目黒川にあり。橋辺に庚申塔あり。故に此唱あり。（品川区）18上目黒村　庚申塚　除地五坪村の東方、寿福寺持。（目黒区）19下蛇窪　庚申塚　除地四坪　東光院より少し東の方、東光院持。（品川区）20南品川宿品川寺　光明石　本堂の前、高さ一尺位天然石なり。庚申供養に立つ。（品川区）21下高輪村　庚申塚　石像三軀を置く。一は延宝八年（一六八〇）十月五日、一は元禄十年（一六九七）、一は文字剝落す。四尺四方の覆屋を設く。（港区）

橘樹郡

22細谷村　庚塚　道を挟み二つ相対してあり、敷の広さ四十坪ばかり。（川崎市）23鶴見村　天王院　庚申堂　門に向て左にあり。二間四方。（横浜市）24西子安・東子安新宿村相応寺　庚申堂　是も門を入て右にあり。石像の庚申を置く。（横浜市）25芝生村　小名庚申塚（横浜市）26白旗村　亀久保谷戸　東庚申堂（横浜市）27渡田村　庚申堂　成就院の前にあり。堂は二間四方西向なり。木の立像長一尺五寸、成就院持。（川崎市）28江ヶ崎村　寿徳寺境内　庚申石像（横浜市）

29赤井村　王子明神社末社　庚申社（横浜市）30氷取沢村　小名庚申塚　小さき塚あり。（横浜市）

都築郡
31市野沢村　かねい塚　二歩ばかりの塚なり。庚申塚ならん。人は庚申塚をかのえ塚といえば、その誤りときこゆ。（横浜市）32吉田村　庚申塚　僅か八歩ばかりの地を除けリ。（横浜市）33新井新田　小名庚申丸　村の東の方なり。（横浜市）
多摩郡
34大久野村　小名幸神《さちがみ》　東によりて大久野村の南にあり。幸神明神　当社あるを持って、この辺を幸神という。祭神は猿田彦命なれど、幸神と称号する由来詳かならず。（日の出町）35岡本村　庚申塚　横根村の境を言う。（世田谷区）36辻村　法台寺境内入口　庚申塔（埼玉県上尾市）
足立郡
37十二月田村《しわすだむら》　庚申堂　庚申・弥陀・不動の三体を安置す。（川口市）38上平塚村　庚申堂　村民持ち（上尾市）39寺谷村　庚申塚　村の中央に石像立てり。これを庚申塚と呼べども、塚はなし。
入間郡
除地そこばくあり。（鴻巣市）40吹上村　庚申堂（鴻巣市）41上安松町　小名庚申塚　塚

なし。（所沢市）　42所沢村　庚申塚の名あり。（塚五ヶ所の内）（所沢市）　43小仙波村　弁天社末社　庚申（川越市）

比企郡

44吉原村　庚申社百姓持（川島町）

横見郡

45中曾根村　御中堂　庚申塚の側にあれば、土俗にこう言うなるべし。薬師を奉安。（吉見町）

埼玉郡

46久保宿村　願生寺　庚申堂（岩槻市）　47末田村　鷲宮社　末社庚申（岩槻市）　48柏壁宿　崇蓮寺　庚申堂（春日部市）　49百間《もんま》村　庚申社（宮代町）　50蓮谷村　稲荷社末社庚申（宮代町）　51砂原村　庚申堂村持

児玉郡

52沼上村　小名庚塚（美里町）

秩父郡

53大宮郷　庚申社郷民持（秩父市）　54下吉田村　若宮八幡社境内　庚申社（秩父市）

以上、庚申社（吹上村を含む）15、庚申堂（庚申院などを含む）15、庚申塚13、庚申塔（光明石を含む）9、庚申橋2、庚申坂1、庚塚3、小名7（うち庚申塚4）、その他の庚申関係記述3で、全体数から見るとわずかであるが、町村からの書上げが幕府の地誌に載せられたことに意義があるといえよう。庚申信仰が幕府に公認されたといえないまでも、庚申を祀る祠堂はいわゆる邪祠・淫祠ではないのである。

このようにその建物は庚申社・庚申堂と呼ばれ、庚申塔が収められている例もあり、『新編武蔵風土記稿』成立のころは、そのなかに板碑も含まれていたものと考えられる。

こうして庚申信仰は日待・月待・道祖神・猿田彦大神・富士信仰と結びついた。さらに信仰対象である庚申塔は、次章で述べるようにさまざまな信仰と結びついていく。これは他の信仰に見られない現象で、庚申信仰が外来の信仰であることを物語っている。

庚申信仰の特色の一つは禁忌（タブー）が多いことである。そのなかでも特に厳しいのが庚申の日の男女同衾である。

川柳にはつぎのように表現されている。

寝て用が　ないで庚申　夜をふかし
庚申を　うるさくおもう　新世帯
御帰国の　日も折わるし　かのえ申

第三句目は参勤交代の大名が帰国して、御国御前（領国に残っている側室）に睦言を言うのが庚申の日であったと皮肉るが、このことは大名家の庚申信仰を物語っている。伊澤昭二氏に案内された美濃（岐阜県恵那市〈旧岩村町〉）岩村城下の庚申堂に祀られている青面金剛像（図4）は、三猿像とともに城主の親族・家臣（夫妻を含む）が奉納したもので、城下町の一角に祀堂がある。これによって庚申信

図4　岩村庚申堂本尊剣経六臂青面金剛木造　延宝五丁巳年林鐘（6月）十五日庚申日造畢、葛飾江戸赤川市郎兵衛墨書銘（岐阜県恵那市岩村）

仰が大名から家臣、民衆にも広まっていたことが知られるのである。

庚申信仰は「正」か「邪」か

前項のように「庚申待」はさかんに行われるようになったが、これに反対する幕府の役人が現れた。寺社奉行所に深いかかわりを持つ人物といわれる、『司曹雑識《しそうざつしき》』の著者（不明）である。

『司曹雑識』には、表題のあるものとないものがあるが、庚申に関する文は後者に含まれる。全文を掲載したいが、庚申を批判するあまり、いささか不穏当な表現があるので、要約した。

これは「都鄙《とひ》（大きな町や地方）、庚申堂庚申塚の事に付て、本朝（日本）庚申を守るの本拠（根拠）を尋るに」で始まる。〔「　」は原文、仮名はカタカナ、（　）は筆者注。適宜『　』、句読点を加える。以下同じ〕

まず『続日本紀《しょくにほんぎ》』の「元正天皇神亀元年（七二四）冬十月庚申（庚申日）」に、長官・秀才などを宮中の宴に招き、賞として糸を送ったことを「記されたるを最初とすべきか」と続けているが、この論者の人柄をしのばせるのは、その後さまざまな資料を紹介し、庚申信仰とは関係のない記述であると、みずから打ち消していることである。彼の文を追うと、「その後『西《せい》宮記《きゅうき》』の延喜庚申御遊、『菅家文草』の守庚申詩を始めとして藤原公任の『（和漢）朗詠集』、藤原清輔の『袋草子』など皆、その詩歌を載せられ、後世ようやく天下に流布し」一般の民衆に及ぶ。「寺島（良安）が『（和漢）三才図会』には」と記し、その本文を漢文で記している。ここから論者の地位・格式の高さが伺える。ともあれ論者の引用した『和漢三才図会』の文を追うこととする。

「庚申待相伝、文徳帝の時に智証大師（円珍）が入唐しこれ（庚申経か）を伝え来る。宇多醍醐の朝（朝廷）専ら之れ（守庚申）を行う。菅丞相《じょうしょう》（菅原道真）庚申詩有り。灄州（大坂）天王寺、傍《かたわら》庚申堂有り。未だいつに始るかを知らず。縁起に曰く、文武帝、大宝元年（七〇一）庚申正月七日、僧住善、帝釈天の使の告げを蒙《こうむり》、之を修し始むる也。蓋《けだし》大宝元年は辛丑でこの説は違うことを知る」という部分をまず引用し、ついで「且《かつ》本尊青面金剛有り、其の前に三猴有り、一は両手を以って眼を塞ぎ、一は耳を塞ぎ、一は口を塞ぐ、以って不視（見ざる）・不聴（聴かざる）・不言（言わざる）の戒《いましめ》と為す」、「凡そ病人庚申日に逢うと則《すなわち》必ず不快になる者多き也」「蓋《けだし》六十花甲（干支）の中、支干を五行（陰陽五行）と比べると和する者（同じになる者）は十二回で之を十二専と謂う。庚申も亦その一つにしてこの日最も合交（男女の交わり）を忌む（嫌う）。故に其の夜寝ずに守る（守庚申）は道家（道教）の養生の本也」、「之に加え、釈氏（仏教）幸に此の日を指す。以って勧善懲悪の便として宜しいか」と道教では庚申の日を寝ずに謹み仏教もこの日を注目していると記す。（　）筆者註

三猿についても、「見ず聞かず言はざるよりも思はざるこそ勝るなりけれ」を引用し、守庚申の始まりかと記し、元正天皇の宴は『西宮記』延喜二年（九〇二）以降の守庚申とは違うと自説を打ち消している。さらに論者は、和漢の書の庚申関係について次のような諸書を示している。

『拾芥抄』には、「彭侯子彭常子命児子（以上、三尸の名）悉幽冥之中に入り、我身を離れ去る、今案ずるに、庚申毎に、寝るに向って三尸の其の名をいうと永く去って万福が自然に来る」といい、「シャ虫はいねさりねや　我が床を寝たれぞ寝ぬぞ寝たれ」との称え歌とともに、昔はこの呪文を三尸を避ける術としたと記し、以下、数種の漢書を抜粋している。

『酉陽雑俎』からは「上尸青姑は人の眼に、中尸白姑は人の五臓（内臓）に、下尸血姑は人の胃に」と三尸のいる場所を、『玄霊』からは「七守庚申三尸滅、三守庚申三尸伏」を引用し、『太平広記』からは「彭は三尸の姓也、常に人身中に在り。其のなす所の罪を伺い察し、毎庚申日に上帝に告げて曰く、故に此夜寝ずして三尸を守る」と不寝の守庚申を、『宜室志』からは「僧契虚が仙人にあい、なんじ三彭の仇を絶やしたか」と聞かれた件を、『徐氏筆精』から

「道家の説、三尸即三彭、唐詩で守庚申とは之が本」と次の『群談採餘』の「道家言う人身三尸虫有、いわゆる三彭、毎庚申日に人の睡《ねむり》に乗じ。其の過去の悪事を、上帝に陳べる。故に道教を学ぶものはこの夕べたやすく睡らず」とある部分を引用し、三尸とは何かを説明している。

まず、「三尸虫を罵る文」（『柳子厚集』）の反論として呉潤程『三彭伝』から長文を引用する。『三彭伝』は諸書を引用して儒学的見解を示しているが、仏教との関わりを『僧史略』によって以下のように結論づける。（「　」は原文）

「案ずるに、彭虫（三尸・三彭）訴帝（天上の帝王に訴える）」があっても、それは公平な訴えであるから人びとは衣冠を整え静かに守ればよい。三尸が自分の悪事を天帝に訴えるからといって怒り恨んではいけない」という。続いて「逸楽宴遊に及ばんは守るの字義いづくにかあると怒り、三尸の上天がなければ「君子」（身を謹むこと）は「庚申の一夕止まらなかった」（一晩ではない）という。

ここで筆者が注目したいのは『僧史略』の引用部分である。要約すると、「近ごろ各地の村に、守庚申の人びとが集って、鐘を鳴らし経を唱え、念仏行をしたり奏楽して眠らず、三尸が上帝に訴える権利を簒奪しているが、これ（庚申）は実は道家の法（道教の説）、無智な僧が人びとを『会園』（会合や集会）に入れ、根本はないのに小利を得る謀で『誤行邪法、深可通哉』（誤った行いで心が痛む）」と仏教の関与を否定している。これこそ、論者のいいたかったことではないかと思われる。

なぜなら、論者の引用した「三尸奏上帝註罪簒奪」の簒奪とは、帝位を奪い取ることである。守庚申の晩に身を慎めという論者にとって、念仏を唱え三尸が天帝に訴え、人の寿命を縮める権力を奪う庚申待は否定されるべきものであったろう。しかし、近世の仏教は国教に等しかった。そこで中国の書を引用し、庚申と仏教の関係を論じ、否定したのである。

しかし『司曹雑識』は、神道から見ても悪事を禁じた庚申は「大人（有識者）はその事の有無を論ぜずその事を残して可ならん」と結んでいる。

そこで人びとは大人といわれる儒者、神官など学問・道徳の師の書を庚申塔に彫ることによって、講中の人びとがその影響下にあることを誇示した。これが近世後期に文字塔の建立がさかんになった原因とも考えられる。仏教関係の庚申塔を、神道（道祖神・塞神を含む）関係の庚申塔に彫りなおした例があるのもこの風潮によったものであろう。近世においてはすべての事象を考えるうえで、幕府の意向を無視することはできなかった。次章で示す庚申塔などの石造物は、寛政十年（一七九八）十月の時点では「銅像石像木像ともに、たけ三尺を限り申すべく候、其余撞鐘、鳥居、燈籠の類も大造之儀は一切停止《ちょうじ》せしめ候、ただし、三尺以下仏像たり共十躰造立いたし候はば奉行所え訴え出で、差図を請け申す可く候」と制限があった。天保十三年（一八四二）七月には「石燈籠手水鉢踏段、右等無益の人力費用を掛け造り出し、なかには莫大の高金に売買いたし候品も是有るやに相聞こえ候、自今石燈籠之儀、金拾両以上に当申す可き品、一切造り出し売買いたす間敷く候、手水鉢踏段庭石等、是また拾両以上の品、売買は一切停止成る可き事」とされた。石仏は含まれていないが、石仏に準用される可能性は充分であったといえよう。

したがって、石仏のように地域性の強いものを見る場合、石塔の大小、彫刻などの精粗・大小によって、地域・年代における信仰の消長を論じることは避けなければならない。同時に、それぞれの時点における事象の適法性、その拡大解釈や準用における影響も判断材料になりうるのである。

しかし、近世以後でも庚申信仰は時代の動きにおもねることが少なく、庚申文字塔を建てても、庚申待の内容は変わらなかったのである。

この影響のためか、江戸初期の宝篋印塔《ほうきょういんとう》には庚申関係の銘文・彫像もあるが、中・後期様式の同種の塔には、その作例が見られない。

第三章　形になった庚申信仰

――庚申板碑・庚申塔など――

1 庚申塔を読む

第一章（三五頁参照）で示した庚申塔の特色の一つは、板状の石の上端を三角に尖らせ、その底辺部分に筋状に二本横溝を彫り、その下に仏尊を示す文字や祈願にかかわる事柄を彫った「庚申板碑」である。なお、ところによっては、上端の三角や二筋の横溝がなくても石塊の一面を削って、庚申信仰に関した仏尊を示す文字（種子）や信仰に関する事柄が彫られているものを庚申板碑と呼ぶこともある。

この「庚申板碑」は庚申塔に先行する石造物と考えられている。初期の庚申塔の多くは細長い石塊の一面を削り、上端を尖らせ長方形に縁取りして、そのなかを彫りくぼめて上部中央部分をアーチ状に彫り込んだ、「板碑型」と呼ばれるものがほとんどであった。

庚申塔は、板碑型の伝統を残しつつも上端が尖り、左右に流れる線がやや丸みを帯びた舟型光背に似た「舟型」や、上端から左右に流れる線が直線で、板碑型より傾斜の弱い将棋の駒に似た「駒型」（側面が平面に削られているものは「板駒型」と呼ばれる場合もある）、四角柱に削った「角柱型」、断面の丸い「円柱型」、これらに屋根型の笠石の乗る「笠付角柱」・「笠付円柱」、角柱の一面を深く平面に彫り込んだ「箱型」をはじめ、あらゆる形状のものがある。以上のほか、五つの石を積んだ「五輪塔」、いくつかの石を積んだ石塔・石燈籠などに庚申関係の文字を彫った「宝筐印塔型」・「燈籠型」、石造の小さなお堂のように屋根まである「石祠型」などがある。

このようなさまざまな石造物によって、庚申信仰は既存の規格・伝統による規制をうけない独特の信仰であることがわかる。

さて、庚申板碑・庚申塔の前に立つとさまざまな疑問が生れてくる。石仏はいつ誰によって作られたのであろうか。

造立銘（紀年銘・人銘・地銘）

古代中国では金属や石材に由来・製造期日を記した。それを「銘・銘記」と呼んだが、今では金石文の文字を「銘・銘記」、語句を「銘文」と呼んでいる。その背面の造立の由来、碑銘を補足した文を「碑陰の銘・記」と呼び、別の石に彫ってかたわらに建てた碑は「副碑」、その碑文を「副碑銘」と呼んでいる。

このうち年月日（季節を含む）を記したものを「紀年銘」、造立に関するものを「造立銘」という。「紀年銘」が一つしかない場合は「造立銘」とする。銘文に文字を飾る意味で複雑な字画を加える場合や石に彫るため字画を省略した文字を使う場合がある。これを「異体字」という。

紀年銘は、数字が主体となり、次のようになっている。一〔壹〕（壱・弌）、二〔弐〕（貳・貮）、三〔参〕（參・弎）、四〔肆〕、五〔伍〕、六〔陸〕、七〔柒〕、八〔捌〕、九〔玖〕、十〔拾〕。数字の下の〔 〕は「養老公式令公文条」に「大字」として定められたもの、（ ）は時々目にする異体字などである。ことに四は「死」と同音なので「亖・㐅・三」のように表示することが多い。

紀年銘の上には以下の文字がある場合が多い。于時・維時・茲時、𣅀・㝵・旹・时など字画のなかに「日」を用いたもので、これらはともに「時に」と読んで紀年銘の上に彫られるので「冠書」と呼ばれる。「冠書」に続けて「年号」が彫られる。年号のなかには「福徳・弥勒」など正規の年号以外の、吉祥の文字を用いたものもみられ、これらは「私年号」と呼ばれる。私年号は事・辞典類のなかには「異年号」とするものも見られる。

年号と年数の下の「年」は歳・天・稔・暦・年などで、なかでも「季」は年の正字という。

「年」字を彫るところに「龍集」と彫られているものが時おり見られる。これは干支に関した表現である。龍集は「星は……に宿る」と読み、点線部に干支が入る。龍とは架空の星である。木星は十二年かけて太陽のまわりを一周するので、十二支の方向が示されるはずであるが、十二支とは逆方向に一周する。しかし古代中国では陰陽説があるので木星に対応する星があるはずとして龍が考えられた。したがって、龍は歳次・星舎・星紀・星宿・龍舎・星派とも表されるが、いずれも一字目は「ほしは」と読み、二字目は「やどる」と読む。

　年号に続く干支の文字も、甲・乙（乚）・丙・丁・戊・己・庚（廋）・辛（𨐋）・壬・癸（关）・子・丑（乜）・寅（刁）・卯（夘）・辰・巳・午・未・申・酉・戌・亥（灭）（（ ）内は後述する異体字を表示）。庚は「上章」、申は「涒灘《くんたん》」「実沈」の異称がある。これに続く月も正月・睦月＝一月、霜月＝十一月などで四季の異称は、一月＝孟春、二月＝仲春、三月＝季春、四月＝孟夏、五月＝仲夏、六月＝季夏、七月＝孟秋、八月＝仲秋、九月＝季秋、十月＝孟冬、十一月＝仲冬、十二月＝季冬という。このほか十二月＝師走など月の異称はきわめて多い。旧暦の閏《うるう》月は大（三十日）と小（二十九日）がある。

　日の表現は、特定の日を示す一日（朔日）・十五日（望日）・月末（晦日）、一〜十日を初・上旬・上浣・上澣、十一〜二十日を月中・中旬・中浣・中澣、二十一〜三十日を念・下旬・下浣・下澣、仏生日＝四月八日、八朔＝八月一日、時正・時正日・彼岸日＝彼岸中日などという。日を特定しない表現もあり、吉日・吉祥日・如意・穀日・穀旦などと表現する。

紀年銘は「冠書、年号、干支、年を表す文字、干支にかかわる語句、月、季節、日、末書」の順に記される。

正徳三歳癸巳霜月初（東京都足立区　真福寺　庚申塔紀年銘）
正徳三歳（歳星《ほし》は）癸巳に舎《やどる》　霜月（十一月）初（一〜九日）

紀年銘のなかには再建と記した「再建銘」もあるが、紀年銘と塔様式が合わない場合は、偽年銘とよばれる。しかし、後述するように護国寺（東京都文京区）にある須弥壇《しゅみだん》型の庚申塔には、願主銘と紀年銘（延宝八年〈一六八〇〉）・人銘の追刻があり、天明五年（一七八五）に再建されたことを示している。したがって、偽年銘といえども「疑年号塔」として記録すべきであろう。

さて、次は造立銘である。発起人（施主・願主・世話人・祭主・行者・行人・導師・本願など）の個人銘では、職名・屋号・官職名があり、武士には苗字・姓・名乗がある。一般でも苗字を記す例が多く、苗字が許可される以前から私称されていたと考えられる。異体字も多く使われ衛（衞・永・ヱ）・郎（良）などが好例である。

僧名に禅門・禅定門《ぜんじょう》とあるのは男性、禅尼・禅定尼とあるのは女性で、ともに在家のまま仏門に入った有髪《うはつ》の僧尼を表している。僧名の下に「代」と彫るのは、造立者の代理を意味するといわれ、人名の下か上の「題字・題書・題額・篆額《てんがく》・隷題《れいだい》」は石仏銘の主銘を彫った人である。「撰・撰文・謹撰・敬選・作・代作」などは語句の作者名、「書・篤書・敬書・謹書・謹記・謹誌」などは語句を書いた人、「刻・謹刻・彫・謹彫・謹鐫」などとあるのは字や図・絵を彫った人、「建・之建・謹建」などとあるのは石仏の建立者である。

造立銘には集団銘もある。「結《けつ（けち）》・一結・結集《けつじゅう》（衆）」は中世の板碑にみられる。石塔類には「講・講中・同行」など信仰集団銘、「当村・村中・氏子中・惣村・若者中・馬持・舟持中」など地縁的集団銘、「有志」など種々ある。

次に造立者の所在地の問題である。板碑には地名がまったくとっていいほど見られないが、近世に造立された庚申塔には存在している。例外もあるが、おもに石仏の正面左端か側面・背面、台石（基壇・基礎）の側面か背面に彫られている。

地名には私称地名と公称地名がある。万福寺（東京都大田区）の寛文十年（一六七〇）の燈籠型庚申塔には「大日本国坂東武蔵国荏原郡馬込村」とあり、近辺の北野神社の延宝八年（一六八〇）の庚申塔には「南贍部州《なんせんぶしゅう》（仏説で須弥山のまわりの海にある三角形の島で人が住む）日域東海道武陽馬込村」とある。各地の庚申塔などにも、これに類したものの存在する可能性がある。庚申塔ではないが埼玉県秩父郡横瀬町の巡礼供養塔には、江戸を「東叡王府」と記す。「江都・東都」とも表現される。江ノ島奥社の石燈籠台石には、江戸近郊を「東都之旁里」と彫る。

京都は古代中国の首都に準じ「洛陽・洛都」といわれ、その北部は「洛北」と呼ばれた。中国地名への憧れは国名の略称を生んだ。『節用集』（日本古典全書本）には、以下、次の上段のように記している。

五畿内五ヶ国

廱・山州	山城国	京都府
和州	大和国	奈良県
河州	河内国	大阪府
泉州	和泉国	大阪府
摂州	摂津国	大阪府・兵庫県

東海道十五ヶ国

伊州	伊賀国	三重県
勢州	伊勢国	三重県
志州	志摩国	三重県
尾州	尾張国	愛知県
参州	三河国	愛知県
遠州	遠江国	静岡県
駿州	駿河国	静岡県
豆州	伊豆国	静岡県
甲州	甲斐国	山梨県
武州	武蔵国	東京都・埼玉県・神奈川県
相州	相模国	神奈川県
房州	安房国	千葉県
総州	上総国	千葉県
総州	下総国	千葉県・茨城県

常州　常陸国　茨城県

関八州＝武蔵・相模・安房・上総・下総・常陸・下野・上野

東山道八ヶ国

野州　下野国　栃木県

上州　上野国　群馬県

信州　信濃国　長野県

飛州　飛驒国　岐阜県

濃州　美濃国　岐阜県

江・近州　近江国　滋賀県

奥州　陸奥国　青森県・岩手県・宮城県・福島県

羽州　出羽国　秋田県・山形県

陸奥と出羽＝明治維新後に、陸奥・陸中・陸前・羽前・羽後・磐城・岩代に分国

北陸道七ヶ国

若州　若狭国　福井県

越州　越前国　福井県

越州　越中国　富山県
越州　越後国　新潟県
佐州　佐渡国　新潟県
加州　加賀国　石川県
能州　能登国　石川県

山陰道八ヶ国

丹州　丹後国　京都府
丹州　丹波国　京都府・兵庫県
但州　但馬国　兵庫県
因州　因幡国　鳥取県
伯州　伯耆国　鳥取県
雲州　出雲国　島根県
石州　石見国　島根県
隠州　隠岐国　島根県

山陽道八ヶ国

播州　播磨国　兵庫県

作州　美作国　岡山県

備州　備中国　岡山県

備州　備前国　岡山県

備州　備後国　広島県

芸州　安芸国　広島県

防・周州　周防国　山口県

長州　長門国　山口県

南海道六ヶ国

紀州　紀伊国　和歌山県・三重県

淡州　淡路国　兵庫県

阿州　阿波国　徳島県

讃州　讃岐国　香川県

予州　伊予国　愛媛県

土州　土佐国　高知県

西海道九ヶ国

筑州	筑前国	福岡県
筑州	筑後国	福岡県
豊州	豊前国	福岡県・大分県
豊州	豊後国	大分県
肥州	肥前国	佐賀県・長崎県
肥州	肥後国	熊本県
日州	日向国	宮崎県
薩州	薩摩国	鹿児島県
隅州	大隅国	鹿児島県

二　島

壱州	壱岐国	長崎県
対州	対馬国	長崎県

近世の地名は国・郡・町・宿・村などであるが、このほかに郷（江を略字とする）・領（古代

の里と同じという）・庄・荘・里・村（邑）・支村などの用語もつかわれた。なお「領」は、大名支配地を示す場合もある。

近現代の地名は、都道府県・郡・市・町・村で、明治初年の地租制度により各市町村はその単位区分として番地制が布かれ、それを連番で仕切った「字《あざ》」が制定された。字名は古代から現代までの歴史や自然環境により現地の関係者が命名したが、イロハまたは数字で字を区分してもよいとされたためか、いまもそれを踏襲しているところがある。

明治二十一年（一八八八）市町村制が施行され、それ以前の町村名を「大字《おおあざ》」、旧来の「字」を「小《こ》字」とし、現在まで継承している。江戸などでは、小地域の里俗地名があった。

祈願銘

庚申待は「申待」ともいわれた。これは実相寺（埼玉県川口市）東方の畑で出土した文明三年（一四七二）の板碑に「奉申待供養□（衆か）」と彫られていることで知られる。ほかに長享二年（一四八八）十月二十九日の板碑に「奉申待供養結衆」の銘があり、これに続く「長享三年」十一月六日の板碑にも「奉申待供仏養」の銘があることから明らかである。

江戸時代初期の庚申塔には諸仏の像が見られる。日本では、仏名を表すことも仏尊を表す種《しゅ》子《じ》（ただし一種一仏でなく、一字が幾つかの仏尊を表す場合もある）を表すことも仏像を彫り出すこともまったく同じであるとの考えがある。これによって造立されたときの信仰を知ることができる。ただし造立に寺院が深く関与した場合、その寺院の本尊を種子で表すことがあり、信仰を表す仏名・仏像と異なるものも見られる。

庚申塔に先行する庚申板碑にもさまざまな仏尊の種子や像が見られるが、祈願名は庚申待・申待供養など信仰名となっている。初期庚申塔にも諸仏の種子・仏名が見られる。青面《しょうめん》金剛像やその名を彫った塔が庚申供養塔であり、その他の神仏塔の場合、猿田彦大神塔以外は、庚申供養のために造立した旨の銘文か、後に庚申信仰を表すものとなった三猿像を伴っている。

庚申信仰は作神《さくがみ》（農産物〈おもに稲作〉の守り神）、大漁を叶える神仏ともいわれ、「現当二世安穏・安楽・安全・円満・成守」の祈願名がほとんどである。「二世之処・二世悉地成就・二世」というものもある。そのほか「諸・所願成就」、「天下泰平・国土安穏」、「願望成就」、「除災与楽」、「家内安全」、「菩提永修」、「二世安楽父母菩提」、「為菩提」など数々の銘文には、庚申待を永続したことですべての願いが叶うという民衆の思いが込められている。

銘文のなかには「逆修」の文字もある。逆修は預修とも表現され、生前供養のことである。七分全得と称し生前に供養すればその功徳はすべて受けられるが、死後に受けても七分の一しか受けられないという思想である。したがって、人びとは生前仏尊を供養し自身の菩提を願ったのである。親より早く死んだ子が、賽の河原で「一ツ積んでは父のため、二ツ積んでは母のため」と小石を積み上げるのも、両親の代りに造塔して功徳の七分全得を与えようとする行為なのである。

後述のように板碑は仏尊への供養を示したもので、銘文の有無にかかわらず逆修が多いと思われる。

庚申塔の祈願名に多い「供養」の二字のうち「羪」(養の異体字)を彫っている塔も眼につく。

銘文には次の書体が混用されている。

篆《てん》書　漢字のなかでもっとも古い書体。主として碑の題字に使われる。

隷《れい》書　篆書を書きやすくしたものといわれる。横画を長くしやなわせている。

楷書　隷書より書きやすくした字。孔子の故郷・昌平郷にあった「楷」という直線的に曲がる枝を持つ木によるといわれる。

行書　楷書をすこしくずした字。

草書　行書をさらにくずし、点画を略した字。

石仏類の銘文中には見なれない漢字をみる場合がある。それは偏と旁が逆になったり、極端に字画が少なくて、一般の漢和辞典にみられない偏や旁・冠だけのものや、あるいは漢字の一部だけのような文字、極端に字画の多い字で、これらは「異体字」と呼ばれ、次の種類がある。

1　永遠性を持つ石に彫るため修飾（荘厳）を加えて画数を増したもの。灋華＝法華
2　偏・旁を上下・左右に組み替えたもの。供羪＝供養、烌＝秋、咊＝和
3　彫りやすいように字画を変えたもの。結衆＝結衆
4　文字の意味から別の文字としたもの。阴阳＝陰陽、灵・ヨ灬＝霊、关＝癸
5　字画を極端に少なくしたもの。宝厂＝宝暦
6　二字の字画の一部をあわせて作字（二字熟語）したもの。𦬇＝菩薩、𦬆＝菩提
7　全く別字のもの。所＝攸

異体字のなかには阝＝邑、むらの意で「さと」を表す語源を示すときもある。

2 いろいろな仏像（猿・鶏を伴う）から青面金剛へ

庚申板碑

庚申塔に先行して庚申板碑が生れたことはすでに述べた。庚申板碑と庚申塔の違いは造立者の住所地名銘がないことである。これは庚申板碑に限ったことではなく、ほとんどの板碑にいえることでいわゆる石仏と大きく異なるところである。板碑は仏尊に対して造立したもので、造立の趣旨・年月日・造立者名は記されても、造立者の住所はない。これは現在法要のときに造立し、時期をみてお炊き揚げされる板塔婆と同趣旨のもので、これは供養の面から見てきわめて特色のあることであり、そこに彫られた仏尊・図像をみてみよう。

日本の仏画と他国の仏画には大きな違いがある。他国の仏画には、かならず何らかの形で崇敬者が描かれていることである。敦煌莫高窟《とんこうばっこうくつ》壁画の極楽図には、さまざまな信者の姿が描かれており、インドの寺院壁画には香華・供物を捧げる多くの人物が彫られている。しかし、わが国の仏画には供養する人物は描かれず仏尊のみが描かれる。善光寺のお札のみ仏前に男女を描くが、三国伝来の三尊像なので中国仏画の影響が濃厚である。

板碑の構図を改めてみると、まず蓮座の上に仏尊の種子が彫られる。この種子は月輪《がちりん》といわれる円内に彫られるものもある。光明真言を月輪の代わりに彫り主尊を囲むものもあるが、それらの下には折敷《おしき》という布をかけた経机に香華が供えられる。香華は「三具足《みつぐそく》」と呼ばれ、中央に「香炉」、左右に「燭台（蠟燭）と華瓶」を彫ってある。仏尊は天蓋がかけられているものが多い。文字だけのものもあるが、種子を彫るものはこのような像容が基本となり、これをもとに香炉と燭台だけにするとか、中央に華瓶だけを彫るなどの違いはある。戒名（と思われる）だけのものもあるが、庚申信仰で造立された板碑にはこのような様式のものが多い。

浄土信仰がさかんになった背景には、貴族・武士の信仰対象であった大寺院に民衆が自由に出入りできるようになったことが一因であるともいわれる。仏尊を祀るのが貴族・武士に限られていたことも、仏画に信者の姿が描かれなかった一因であろう。

板碑本来の目的は、永続性のある石に仏尊を彫ることによって供養したことを知ってもらいたい思いの表現である。前述のように現在も法要のさいに板塔婆を奉納するが、これも法要を行ったことを対象となる霊・仏に知ってもらうことが目的なのである。

板塔婆は先端が尖《とが》り左右に四ヶ所ずつ切込みがある。試みに、この切込みを左右に延長すると、五輪塔の断面が浮かび上がる。これが板塔婆と板碑を同列に考える根拠なのである。先年、東京都が行った伝統職業調査によると、板塔婆を製作しているところでは左右四ヶ所ずつ切込みを入れることを「五輪付け」と呼んでいるという。

ここで板碑を見てみよう。造立銘に地名がないこと、多くの板碑が埋蔵されていること、なかには造立地の板橋に用いられるものなどから考え合わせると、板碑本来の目的は死者の供養か、あるいは自分の死後の供養（逆《ぎゃく（げき）》修《しゅ》・予修）を行ったことを仏尊に伝えることであったと考えられる。種子を蓮座の上に配し天蓋《てんがい》で覆い、香華《こうげ》の三具足を表すのも本尊を供養し、光明真言などの銘文はそれらを読誦した証しであろう。以上から考えて板碑は銘文の有無にかかわらず逆修目的のものが多いことがわかる。

庚申板碑がいつごろから出現したかはさだかでないが、後の庚申塔の先駆的存在であったことを物語っている。

山中共古氏は「板碑に見えたる庚申信仰の年代」（『共古随筆「三猿塔」』所収）に「文明二年下渋谷金王神社　今不明。長享二年　上練馬村。文亀四年　小日向日輪寺　今不明。大永八年亀戸、大永八年　下谷高岩寺　後に西ヶ原昌林寺。天文十三年　中野あさかや村ふみ切り」と記している。

このうち長享二年（一四八八）の板碑が練馬で再発見された。マン種子が天蓋の下の蓮座に彫ってある。この種子は不動明王との説もあったが、発見者の小花波平六氏は『庚申縁起』のなかに「戌亥の時刻に文殊、薬師、各々過去七仏をねんずべし」とあるので、庚申の夜第一に拝むのは文殊菩薩であろうという。これは庚申板碑の主尊が夜間に礼拝されることから裏付けられ、人名銘のなかには再発見者と同じ「平六」銘があった。

現存最古の文明三年（一四七一）の年紀をもつ板碑（図5）が実相寺（埼玉県川口市）で発見された。三尊仏で上部が大きく欠損し主尊を欠くが、むかって右はバク（釈迦）、左はバイ

図5　文明3年銘本尊不詳板碑
（川口市領家　実相寺、高56cm、埼玉県立博物館特別展図録『板碑』〈1987年〉より転載）

（薬師）と種子が残っている。主尊の蓮座はわずかに蓮弁一枚しか見えないが、これによって三尊であることがわかり、山王三聖といわれる釈迦ではないかと推察される。この山王三聖は『庚申縁起』によると、文殊・薬師とともに戌亥に、青面金剛・釈迦を子丑に、六観音・阿弥陀如来を寅卯に祀るという。この板碑は下部の左を大きく欠いているが、中央部には右から三具足（燭台・香炉・華瓶）が折敷《おしき》の上に並べられている。

これに続く文明十五年の庚申板碑は足立区立郷土博物館に陳列されている。この板碑の主尊は阿弥陀如来（キリーク）で蓮座に乗り、光明真言の梵字で囲まれており、脇侍は右が観音（サ）、左が勢至（サク）の弥陀三尊である。

造立者名を見ると、川口市の板碑は「四郎太郎・左近三郎」、足立区の板碑は「奉庚申待供養結衆」を挟み、右に何名かをおいて「三郎五郎・三郎二郎・四郎二郎」「左近太郎・左近次郎」、左にやはり何名かをおいて「三郎次郎・三郎太郎・七郎四郎」、練馬区の板碑は何名かをおき「与一五郎・右馬三郎・与一三郎・六郎三郎・弥右太郎・右衛門四郎・平次五郎」と俗名が記されている。このような重ね名は一族の有力者の子供につけられ、父親の名に続けて出生順に太郎、次（二）郎、三郎とつける。

足立区のように同じ左近でも間に五名を挟んだ場合、その父「左近」が川口市の「左近」とは偶然の一致とはいえ、同一人物であるか同族であるかもさだかではない。これは右に三郎二郎、左に三郎次郎銘があることでわかるであろう。しかし、これによって父（祖父などの場合もあるという）「左近・三郎」などが土地の有力者で、何代か続く名家の当主かこれに準ずるものであったことは明らかである。このような板碑は現在の板塔婆の役割に近かった。

庚申板碑に彫られた主尊は釈迦三尊・弥陀三尊・薬師如来などであるが、関東では現存の半数近くは山王二十一仏である。本地仏の種子を彫ったものであるが、これは庚申塔にも引き継がれ、初期庚申塔には山王二十一仏の種子などを主尊としたものがみられる。

山王二十一社〔（　）内は本地仏〕

西光院（埼玉県川口市戸塚）板碑型　山王二十一仏種子庚申塔（図6）

上七社

大宮（釈迦）　二の宮（薬師）　聖真子（阿弥陀）　八王子（千手）　客人《まろうど》（十一面）　十禅師（地蔵）　三の宮（普賢）

中七社

下八王子（虚空蔵）　王子宮（文殊）　早尾（不動）　大行事（毘沙門）　聖女（如意輪）　新行事（吉祥天）　牛御子（大威徳）

図6　山王二十一仏種子庚申塔　寛永二十年（埼玉県川口市戸塚　西光院、高橋肇氏撮影）山王板碑を継承

下七社

二宮竈殿（胎蔵界大日）　山末（摩利支天）　小十禅師（龍樹）　気比（聖観音）　岩瀧（弁才天）　悪王子（愛染）　大宮竈殿（金剛界大日）

ところが板碑信仰は一五〇〇年代末以後その姿を見せなくなる。その理由についてはさまざまな意見があるが、いずれも一長一短で決定的なことはわからない。例を掲げてこの項を結ぶ。

ⅰ権力者の交代により前代の信仰を禁じた。これには後北条氏説と徳川氏説がある（政治的圧力ならどこかに復活の兆しが見えるはずである）。

ⅱ石工が築城などにかりだされた（器用な人なら、現存する小型のものなら彫れる可能性がある）。

ⅲ材料がなくなった（武蔵型板碑に使用される緑泥片岩は小川町下里に残り造園材に使用されているし、明治年間の青石墓石が各地にある）。

ⅳ板碑から墓標に代わった。位牌による供養によって板碑は消滅した。

筆者は寺壇制度により菩題寺での死後の供養が確保されたことによる「逆修」思想の衰退に他の要件が複合した結果起こった現象か流行によるものと考えている。

諸仏から青面金剛へ

庚申板碑が消滅してから庚申塔が出現するまで、江戸を中心とした関東では二十年余を経過したが、関西では板碑信仰消滅以前に六地蔵の石幢（燈籠型、燈火を入れる部分が六角形で、各面に地蔵を一体ずつ彫りだしている石造物）・五輪塔が建てられた。

しかし、このような条件下で起こった庚申板碑・庚申塔に対する民衆の変化は何によって生じたのであろうか。仏尊への報告で満足していた人びとが礼拝をすすめる形となったのが庚申塔ではないだろうか。しかも、礼拝を前提条件とすれば、その永存を考える。それが造立地名出現の要因ではないかと思われる。

江戸人のように好奇心を刺激されやすい人びとは、いつでも拝める仏像を身近に祀ることで祈りが強められると感じたのではないかと思われ、多くの庚申塔を造ったのであろう。

初期庚申塔には、庚申の夜に祈る諸仏を彫ったものが多かった。関西の初期庚申塔は六地蔵の石幢であった。西国では板碑と庚申塔が併存したが、江戸は災害が多く明暦三年（一六五七）の大火以後、寺院を近郊に移したといわれている。したがって、現存する遺物だけで庚申板碑・庚申塔の消長を計ることはできないであろう。

江戸は開府以来日本の首都であった。それによって繁栄したが、権力者の影響を受けやすい。幕府の法令に違反しないものは残り、安政大地震・関東大震災・戦災で淘汰されて残ったものであることを認識する必要がある。かずかずの災害を免れて現存する多数の庚申塔をみると、江戸時代にはおびただしい数の庚申塔があったことがわかる。

江戸近郊の庚申塔には地域性がある。

第一は、初期庚申塔の地域性である。正覚院（東京都足立区花畑）には、東京二十三区中最古の庚申塔がある（図7）。元和九年（一六二三）の「早来迎《らいごう》」の弥陀三尊を彫った塔（「現世安穏　奉待庚申供養成就所　後生善生」銘）である。しかも、庚申塔造立の最盛期ともいえる寛文年間（一六六一〜七三）以後にいたるまでの元和《げんな》・寛永・正保・承応・明暦・万治の年号を持つ一基の庚申塔がある。同一地域としては特例といえる。以下、これらを基準に近世初期庚申塔の様相・所在・造立年・造立銘・像容を足立区の塔で見ることとする。「　」内は銘文、番号は元和九年塔を1とする造立順である。

2　寛永六年（一六二九）猿仏塚　奉待庚申十六夜成就供養所

図7　板碑型弥陀三尊（阿弥陀如来・観音菩薩・勢至菩薩早来迎〈雲に乗る〉像　元和九年、都内最古の庚申塔〈東京都足立区花畑　正覚寺〉）

3　同十三年　総持寺（西新井大師）　奉待庚申結請［　］攸

4　同十五年　浅間神社　奉待庚申［　］請衆供養二世成就所

5　正保三年（一六四六）　西光院　三密六大□内証輪円具足法界有情之覚躰也／爰結縁衆等毎年六度之待庚申祈現後世二世悉地成就所也　敬白

6　承応二年（一六五三）　中川一―九―二（路傍）　奉造立庚申供養待意趣者為二世安楽／乃至法界平等利益

7　同　三　年　実生寺　光背型　地蔵菩薩立像　庚講成就有無縁等

8　同　十三仏堂　奉造立庚申供養成就之所

9　同　東善寺　奉待庚申供養成就之所

10　同　小台二―四七―一　奉造建正面金剛本尊一宇二世安楽所　逆修成就所　庚申供養一基

11　明暦元年（一六五五）　扇　地蔵堂　奉供養庚申待三年二世悉地成就所　敬白

12　同　三　年　徳寿院　奉待庚申二世所　施主敬白

以上7を除きすべて板碑型。以下阿弥陀如来・地蔵菩薩に次ぐ諸仏塔を示す。

22　寛文三年（一六六三）　本水南町　胡録神社　山王廿一仏種子　二世安楽　施主敬白

28 同四年 同寺 釈迦如来立像 奉造立庚申供養二世安全所

29 同 観音寺 聖観音立像 奉造立庚申供養二世安穏所也

49 延宝二年（一六七四） 西光寺 青面金剛立像 為庚申供養二世安楽之造立也（造立名多数 足立区での初出で一面四臂。三叉鉾・法輪・羂索を握り、左右に童子を配す）

61 貞享元年（一六八四） 扇 不動堂 如意輪観音坐像 皈命頂礼秘密□主以庚申講力立之 敬白

70 元禄二年（一六八九） 千手仲町 氷川神社 弁才天像 奉造立弁財天尊像一躰 謹言

87 同八年 北野神社 石祠 奉造立石之宮殿第六天村中庚申供 施主敬白

90 同 養福寺 丸彫 六地蔵 奉造立庚申供六地蔵菩薩現当安楽処

94 同十年 三嶋神社 丸彫 仁王 左＝三嶋御「 」・右＝庚申待成「 」

同十三年 北野神社 石祠 庚申供養／奉造立石宝殿一宇二世安楽処

216 嘉永元年（一八四八） 足立区立博物館 百体庚申塔（文字塔） 一天四海風雨順時／五穀豊登万民安寧（青井五丁目の路傍に旧在。側面に「猿田彦尊」「庚

申」「青面金剛」の文字を百体刻み、百体文字庚申塔を表す）

以上のうち、弁才天・仁王像はほかに例が少ない。（『足立区文化財報告書　庚申塔編』足立区教育委員会社会教育課、一九八六年調査。「足立区所在庚申塔目録編」足立区教育委員会事務局文化課〈『足立区立郷土博物館報』二九号所収、二〇〇八年〉）

庚申塔の彫像には地域性が認められる。例にあげた足立区内には聖観音像塔が三基あるが、北区には、その像容から両手で造る印の違う異形観音（勢至菩薩か）を含めて七基の観音像を持つ庚申塔がある。

続いて北区の江戸時代の庚申塔主尊の変遷を辿ることとする。同区には次のように山王信仰と深い関わりを持つ庚申塔がある。

寛永十六年（一六三九）宝幢院〈東京都北区赤羽〉、板碑型、阿弥陀如来庚申塔（陰刻、図8）。上部に「山王二十一社」と横書され、その山王と二十一社の銘文の間に阿弥陀如来立像を雲上に配し、足下には雲に乗り合掌する烏帽子を冠った二匹の猿を線刻しているが、庚申信仰関係の銘文は見えない。しかし、阿弥陀如来と二猿の図は他地域で庚申銘のある懸仏にあるので、これは明らかに庚申塔と考えられ、これが北区最古の庚申塔となる。

慶安三年（一六五〇）大久寺〈東京都北区田端〉の庚申塔台石（図9）である。これは「奉

図８　板碑型阿弥陀像・山王二十一社銘庚申塔　寛永十六年（東京都北区赤羽　宝幢院）

図９　二猿陽刻像庚申塔台石　慶安二年（東京都北区田端　大久寺）

造之庚申本尊二世成守攸《ところ》」の銘文があり二猿で、左側の猿は立って合掌するが、右側の猿は横向きで膝を立てて座り、袖無し（チャンチャンコか）を着て御幣状のものを肩にしている水受けのある台石で、この上にあった庚申塔は近くの日枝神社本殿下基壇内に収められたとのことである。基壇内に納めるまで奉安していた家人の話では、白布に包んで床の間に安置してあったとのことで、像容は不明である。

承応三年（一六五四）円勝寺、地蔵立像（陽刻）「奉庚甲（申の誤刻か）一座供養二世安楽成就也」。

図10　舟型大津絵様六臂青面金剛庚申塔　寛文十一年（東京都北区神谷　自性院門前）

寛文九年（一六六九）与楽寺、燈籠型金剛界大日如来種子「庚申供養為菩提」。

同　豊島馬頭観音堂、板碑型、釈迦如来種子「奉供養庚申二世成就処」。

同　正受院、板碑型、青面金剛種子「奉造立庚申二世安楽所」。

同十一年　自性院（東京都北区神谷）、舟型、六臂青面金剛立像（陽刻）。初期の像で六臂を左右に開いて最上手は右に輪宝を、左に矛を持つ（図10）が、この形は初期大津絵の青面金剛像と酷似しているので、その影響が強かったことがわかる。銘文は「奉供養庚申待之処」。

観音像の塔は

延宝八年（一六八〇）　自性院（東京都北区神谷）、舟型、如意輪観音坐像（陽刻〈二臂〉）「奉造立庚申二世安楽処」銘の右に日輪、左に月輪、造立銘は「武州豊嶋郡神谷村同女廿三人」。

北区には観音像がさらに七基ある。

元禄元年（一六八八）福性寺、舟型、聖観音立像（陽刻）「奉造立庚申待講中二世安楽所敬□《白》」。

同三年　自性院門前、舟型、青面金剛種子。右に日輪、左に月輪、右端欠損のため銘文上欠「当二世安楽処」、如意輪観音坐像（陽刻〈二臂〉）、これも神谷村女一四人の銘がある。

同四年　同院、舟型、月天子種子、日輪・月輪、如意輪観音坐像（陽刻〈六臂〉）「奉供養庚申現当二世安楽処」、これも女一六人の造立銘がある（図11）。

図11　舟型如意輪観音像庚申塔　元禄四年（東京都北区神谷　自性院）

同八年　同院、舟型、月天子種子右端欠損、聖観音立像（陽刻）「□供□庚申為二世円満」。
宝永六年（一七〇九）下道地蔵堂、舟型如意輪観音坐像（陽刻〈二臂〉)「庚講供養」。

享保三年(一七一八) 同堂、舟型、観音種子 異形観音合掌坐像(陽刻)「奉供養庚申 為二世安楽」、高髻で両肩を包む通肩姿で阿弥陀脇侍の勢至菩薩のように合掌。

宝暦七年(一七五七) 西蓮寺、舟型、馬頭観音立像(陽刻)、台石に三猿、塔身に庚申銘はなく、台石と別石の観もあるが、宝永七年馬頭観音と三猿を塔身に陽刻した庚申塔が板橋区にある。

以上のように、他地域ではその存在が数少い観音信仰を示す塔が一区で八基ある。

珍しい塔といえば、

貞享二年(一六八五) 地福寺、仏像型(丸彫)、閻魔大王坐像、台石「庚申」「供養」。

元禄十四年(一七〇一) 橋戸子育地蔵堂、舟型、大霊権現(熊野神社本地仏ともいう)立像(陽刻)三猿「大霊権現」。

がある(「東京都北区庚申関係石造物調査報告書」北区教育委員会生涯教育推進課、一九九一年」によ る)。

諸仏を主尊とした場合は、かならずと言っていいほど多くは「庚申」または「庚申供養」という銘文を伴っている。庚申塔は銘文を持つか猿像を伴うかのいずれかである。しかし、主尊として青面金剛が定着すると、その像を彫っただけの無銘の塔、あるいはその名を主銘とする塔が現れてくる。青面金剛塔で「庚申」の銘文を伴わないものは、足立区では一一九塔のうち五九塔、北区では四一塔のうち二七塔となっている。青面金剛が「庚申様」と呼ばれたことを裏付けるものであろう。ここで青面金剛以外の庚申塔の主尊を見てみよう。

庚申塔に先行した庚申板碑において、二十一社は北斗七星を本地仏として祭祀しており、神仏と信仰者を結ぶ神使が猿であったことは重要である。これは初期猿像のなかに烏帽子・御幣と深いかかわりを持つ、明らかに山王信仰の神使としての猿像が見られることによって判り、この流れが三猿という象徴的な像容が取り入れられたことによって、三猿即庚申となり、諸仏を主尊とした石仏類でも、塔身や台石に三猿像などを伴うものは、庚申信仰に関した石造物として見られるようになった。

庚申信仰と山王信仰との結び付きに北斗七星が関係していたことは、少数ながら北斗信仰を裏付ける銘文や七星図のある庚申塔が存在することから明らかである。理由は不明であるが、北区田端で庚申塔を日枝神社の本殿下に埋納した例があることから、一部に庚申即山王信仰とする考え方があったことがわかる。

庚申の夜の明け方に拝む阿弥陀如来の種子・仏号・像を彫った北区の塔のように、一尊の場

図12　舟型胎蔵界大日如来一猿一鶏庚申塔　承応三年（東京都台東区浅草　浅草寺〈浅草観音〉）

合と、三尊の種子で阿弥陀如来、観音・勢至両菩薩の来迎像など弥陀三尊を表すものがある。一尊の場合、両手を上向きに重ねて人差し指を折り、親指をその指頭に接し、ほぼ円形にしてこれを腹部に密着させる阿弥陀如来の「定印《じょういん》」や、そのまま左の手は肩に、右の手は下げてともに掌を前に向ける「来迎印」の二種がある。種子はキリークで、脇侍の観音がサ、勢至がサクである。また「南無阿弥陀仏」の六字名号を彫る塔もある。

大日如来像もある。浅草観音銭塚地蔵堂の承応三年（一六五四）塔は宝冠を被った菩薩形であるが、両掌を重ね合わせ、親指だけを起こしてその先を触れる「法界定印《ほっかいじょういん》」を結んでいて、胎蔵界大日如来（図12）であることがわかる。この塔は主尊の坐像の右下に猿が、左下に右を向く雄鶏の陽刻像がある。

地蔵菩薩の場合は、錫杖と珠を持つ像、合掌像や六体がそれぞれ天蓋・幡・柄香炉・数珠・

錫杖・珠などを持つ六地蔵を彫った石仏がある。

釈迦如来像もあるが、「弥陀の来迎印」と同じ形で親指と人差指は伸ばしている像もある。

観音菩薩の場合は、蓮華の蕾をもつ聖《しょう》観音像が多い。女性が多いといわれる二十三夜の月待の本尊といわれる如意輪観音像もある。北区の場合など明らかに二十三夜待との習合が考えられる。

如意輪観音は、本来、六臂（九三頁図11）であった。まず肩からでた「本手」は二臂像のように右の手は膝からたらして光明山を押さえている。ただし石仏の場合、この形をとると掌の部分だけ石材が大きくなるので膝の上におく像が多い。そして左の手は頬に触れる姿の思惟《しゆい》像となっている。奈良時代以前の弥勒菩薩の像容に似ているので、これを弥勒像と考えた人もいたようであるが、弥勒菩薩は右の手を軽く折り曲げ、掌を足に当て指先を前にたらしている。この膝から先の部分は、如意輪観音の石仏では膝上に手をおく。木像で膝から先まで彫るのは「一木造」のためであろう。六臂の場合は、右上の脇手に「輪宝」を、下の脇手に「蓮華」を持つ。左は上の脇手で「如意宝珠」を胸前に捧げ、下の脇手に数珠を持つ。つまり、二臂の如意輪観音菩薩は、本手の如意輪観音菩薩像である。

不動明王の庚申塔は少ないが，金乗院（東京都豊島区、目白不動）にある庚申塔は、剣に龍が巻きつき、その剣先を呑む倶梨伽羅《くりから》不動と三猿が彫られたもので、寛文六年（一六六六）に造立された。

後に法華信仰の塔としてさかんになる帝釈天塔は、ヒゲ題目の下に帝釈天王と彫り三猿像を拝した板碑型の塔が寛文年間（一六六一～七三）藤沢にあり、「釈提垣因《しゃくだいかんいん》」銘塔もある。

薬師如来は石仏としては珍しいが、延命寺（東京都板橋区志村）に正保四年（一六四七）塔、赤塚観音堂に延宝四年（一六七六）塔がある。斎藤直樹氏に案内された堂山墓地（図13、埼玉

図13　舟型薬師如来陽刻像庚申塔　寛文十年〈埼玉県蕨市錦町　堂山墓地〉

県蕨市錦町）の塔は天蓋と左右に幡が彫られている。

以上の諸仏は、前述のように庚申供養として造立された銘文か三猿像を伴っている。

しかし『庚申縁起』に登場する青面金剛が三尸《さんし》をおさえることがわかると、人びとは直接的な利益を求め始めたのであろう。青面金剛が、不治の病といわれた伝尸病を治すことを知った人びとは、三尸をおさえる仏と受け取り礼拝するようになった。民衆信仰の常として、その初発の造塔時期は不明であるが、これに大きな影響を与えたのは「大津絵」である。

ここで青面金剛がおさえる伝尸病とは何かを考えてみよう.「2　庚申と宗教」（三四頁）に記したように胸が痛み、やせて血を吐き・悲哀を好み、文学に親しむという江戸時代に死病として恐れられた「労咳《ろうがい》」（肺結核・肺癌末期か）に勝つ「青面金剛」に、人びとは「伝尸」と音も書体も似た「三尸」伏滅の願いを掛けたのであろう。

たしかに庚申待で三尸の上天を防ぐために祈る書物に青面金剛の仏号があった。しかし、その名を唱えても、当初はどのような像なのか知る由もなかった。

その像容について『陀羅尼集経《だらにじっきょう》』には

四本の手で向って左は上の手に三叉の矛を、下の手に棒を持ち、右は上の手に輪宝を、下の手に羂索（縄）を持つ。身体は青色で口を、開き牙を出し三眼で頭に髑髏をいただき、髪は火焰のように逆立ち、頸に大蛇を掛け、両腕に二匹の龍、腰と両足に二匹の蛇がまといつき、持った棒にも蛇がまといつく。腰には虎の皮を巻き、髑髏の首飾り・胸飾りをつけ、両足で一匹ずつ鬼を踏む。左右には一人ずつ童子を作る。頭には二つの髷を結び手に柄香炉を持つ。像の向って右に赤色と黄色、左に白色と黒色の恐ろしい形の夜叉を作る。と説く。この複雑な像容を造型化したのが大津絵である。

青面金剛

大津絵と庚申塔　大津絵は民俗絵画といわれるほど全国的に普及した。しかし、簡便性が先行したため現存する作品はきわめて少ない。

以下の記述は、昭和五十年〈一九七五〉にデパートで行われた『奇想天外　江戸と明治の民族美術展』（羽黒洞）の目録によった。大津絵は、現存する作品を見ても製作年代不明のものが多い。「売立て目録」には絵ごとに値段が記されており、初期の大津絵であることが確認できる。しかも青面金剛が九図ある。画中に仏号はないが、それぞれ庚申塔への影響を示すものであり、その原点であることが推定できるものである。

旭正秀『大津絵』（美術出版社、一九五七年）によると、大津絵の始原を寛永年間（一六二四〜四四）とし、次のように記している。

追分の地（東海道・大津宿から逢坂山を越え京に近づくあたりか）に仏画売り・絵師が店を開き、おもに仏画を製作し版木押し木版刷りを利用した。大津絵全盛期を安永年間（一七七二〜八一）とし、全国各地にお土産絵として知れわたった。

同書には四臂の青面金剛の図を載せている。前掲目録は初・中期のもの九図（カラー三図）で掲載している。いずれも多臂像で本手と脇手をともに身体の左右に開き、初期青面金剛像がこれらを参考にしたことを物語っている（以下の仏画は向かっての左右）。〈 〉は目録番号。

1　四手青面金剛像　「日月」日は向って左に赤色、月は赤の輪郭のみ。「青面金剛」三眼、火焔輪光背、緑色、本手の右に矛、左に輪宝を持つ。脇手は右に索を、左に一匹の蛇を持ち、岩の上に立つ。左右に二匹の猿がいて、右の猿は烏帽子を冠っているが、左の猿は烏帽子がなく頭をさげともに合掌はしていない。岩座の前に雄鶏を左下に一つがいの鶏が画

かれている（カラー）。〈1〉

2　四臂青面金剛像　「日月」日は右で、月は輪郭のみを描く。「青面金剛」三眼、右に矛、左に輪宝を持ち、脇手は右に索、左に蛇を持ち扇型の岩座に立ち、二匹の猿を左右に従える。右の猿の下には雌鳥、左の猿の下には雄鶏を描く。〈3〉

3　四臂青面金剛像　「日月」雲に乗り、赤色と思われる日が右、月は左で白色か。「青面金剛」火焔輪光背、本手は左が輪宝、右が矛で、脇手右には索、左には蛇を持ち岩座に立ち、左右にかがむ猿、左に雄鶏、右に雌鳥を描く。〈38〉

4　六臂青面金剛像　「日月」赤い日を右に、輪郭だけの月を左に描く。「青面金剛」三眼、火焔光背で髪も赤い。本手の右には矛を、左には輪宝を持ち、脇手の上の手には三個の如意宝珠を捧げ、下の手は右に索を、左に蛇の巻きついた赤い棒を持つ。蛇は耳がある小龍型で、左右に二童子を配する。儀軌では二童子とも柄香炉を持つが、この塔では右は白衣に黒で描かれた笏を持ち、左は赤い衣服で柄香炉を持っている。岩座は側面が赤で塗られ、その下の左右に赤色で描かれた猿が左右に立って合掌し、その間につがいの鶏を描いている（カラー）。〈6〉

5　四臂青面金剛像　「日月」日が右で月は輪郭のみ。「青面金剛」三眼、火焔輪光背。本手は右に矛、左に輪宝を捧げ、右の脇手は拳を握り左に短い錫杖を持つ。錫杖は釈迦が山野を修行する僧侶たちに毒蛇よけに持つことを許したものである。農作業用の手甲・脚絆やジーンズは蛇が嫌う藍系である。本図の青面金剛は蛇よけの錫杖を持つためか、蛇は描かれていない。左右の二童子はしゃがみこみ、右は笏とも扇とも見られるものを持ち、左は柄香炉を持っている。岩座の下にはつがいの鶏が描かれている。〈23〉

6　四臂青面金剛像　中央部分だけの図で「日月」の像容は不明。「青面金剛」三眼。本手は右に矛、左に輪宝、脇手は右に金剛棒、左に索を持ち、四臂に白蛇が巻きついている。二匹の邪鬼の頭に立つ左右の二童子はともに柄香炉を持つ。その下に四色の四夜叉を、その下にしゃがんで合掌する猿一匹を描き、右端に雌鶏、左端に雄鶏を描く。カラーであるが4とともに主尊は茶色になっている（カラー）。〈6〉この主尊と茶色の夜叉の身体に残る藍色から、褪色すると茶色になることがわかる。したがって、鬼座も青と赤の邪鬼であること、四夜叉が右から肌色、藍系の青色・赤色・白色であることも判った。

7　八臂青面金剛像　「日月」日月ともに雲に囲まれている。カラーではないが、右が赤い日輪、左が白色の月輪。「青面金剛」三眼、輪光背で毛髪は火焔状の焔髪で、本手は右に五鈷を、左に金剛鈴を持ち、脇手の第一手は右に剣、左に小さな矛を持つ。第二手は右に短い剣、左に輪宝を持つ。第三手は右に弓、左に矢を持ち四つん這いの邪鬼の背に立ち、左右に柄香炉を持つ童子が立ち、その足元に鶏の番《つが》いと四夜叉・猿を描くが、なぜか三匹とも両手で耳を押さえる。〈4〉

8　六臂青面金剛像「日月」右に日輪、左に輪郭が強調された月輪《がちりん》を描く。「青面金剛」火焔輪光背、焔髪で本手は画面上部に日月があるにもかかわらず、右に日輪、左に月輪を持つ。脇手の上の手には弓、左に二本の矢を持ち、下の手は右に索、左に棒か剣を持ち、岩座にうずくまる邪鬼の背に立つ。右の童子は三個の如意宝珠を捧げ、左の童子は柄香炉を持つ。岩座の前に三匹の猿を描く三猿型である。その前に一つがいの鶏を描く。〈28〉

9　剣人六臂青面金剛像「日月」右が日輪（赤か）、左が月輪でともに雲に乗る。「青面金剛」三眼、火焔輪光背。本手の左で剣を握り、右で髪をつかんで女性を下げる剣人型。上の脇手は輪宝、左は矛を持ち、下の脇手は右に弓、左に矢を持ち、岩座上の邪鬼の頭と腰を踏んで立つ。左右の童子は右が笏、左が柄香炉を持ち、岩座のまえに一つがいの鶏を、その下に二匹の猿、左右に四夜叉を描く（大津絵としては描写が整いすぎている）。

以上が、同目録に載る青面金剛九図の内容である。〈35〉

この大津絵は東海道・中山道が合してから京に向う大津宿で土産物として売られていた。洒脱な描法で描かれ、弥陀三尊来迎図や十三仏の図に人びとは親しみを感じたのであろう。庚申待に参加する人びとは、いずれも一家の主たる男女である。その留守宅の人びとも庚申待の行事を行っていた可能性はきわめて高い。東京都北区の庚申講中に浮世絵の青面金剛の軸が残されているが、需要は高かったであろう。

庚申待の人びとはここにはじめて祈るべき本尊を知ったといえよう。大津絵による青面金剛軸の創出と、これに刺激された絵師による民衆仏画の誕生である。

弥陀三尊・十三仏の像容は、庚申板碑・庚申塔に見られるものである。庚申待にあわせてこれらの軸が使われていたところもあるし、ほかの日にも掛けられていたと思われる。それが庚申塔造立の大流行を招いた一因であろう。北区のある農家では自庭内の庚申塔に誰でもお参りできるように特別の道を作ったという。この庚申塔はその後、町並みが変わっても道路に面して立っていたが、再開発によって駐車場の一角に立つ木造の小堂のなかに収められた。これによってわかるように、庚申待の日に参詣するだけでなく、それ以外の日でも祀っていたのである。

初期大津絵の青面金剛には二つの特徴があった。一つは左に輪宝、右に矛を持っていることである。庚申塔の青面金剛像は左に矛、右に輪宝を持つものがほとんどである。一つは多臂（手）でも、すべての腕を開いていることである。

庚申塔に彫られた青面金剛の像容は、脇手は左右に開いても本手は合掌するか、右に女性の髪の毛を下げ、左に剣を持つ剣人六臂が一般的である。ただし鬼座の邪鬼・四夜叉に角はない。ところが、各地の初期庚申塔に、大津絵の像容の青面金剛を彫ったものが見られる。自性院門前（九二頁図10参照、東京都北区神谷）のほかにも次のものなどがある。

西光院（東京都足立区）にある四臂青面金剛塔は、四臂とも左右に開いて上げた本手の右は矛、左は輪宝状の円形のものになっている。延宝二年造立で、大津絵にも見られる二童子を左右に配している。さらに宮地六地蔵（東京都荒川区）にある六臂の青面金剛像は本手を横にあげ、左に月輪、右に日輪を捧げている。これは寛文十二年塔である。初期大津絵の中には前掲8図のように上に日月が描かれていても、六臂の上の脇手で日月を捧げる像もある。

庚申塔に彫られた青面金剛にはさまざまな像容があるが、東京周辺のそれはおおむね合掌六臂か剣人六臂が多い。

青面金剛がその名称を庚申塔に表したのは、三峰神社（東京都荒川区）の板碑型塔であった。主銘中に「本造立本地青面金剛待攸《ところ》」とあり慶安伍天〈年〉（一六五二）造立である。次は承応三年（一六五四）荒川区小台の正面金剛銘の塔、さらに承応四年造立の延命寺（葛飾区）の塔である。これは、板碑型で山王二十一仏種子を彫った下に、「奉彫建石仏　庚申待成就　如等所行　是菩薩道」と彫り、次に「青色金剛」と色と剛の二字を異体字で彫る。続けて「彭倨尸彭質尸彭矯尸垂述」と三尸の名を連ね、次行から「漸漸修覚　悉当成仏」と紀年銘を四行に記す。最下段に主銘を挟んで左右に一二名の造立名があるが、その最初は「庚申結衆」銘である。

大津絵の青面金剛はやがて六臂が主流になったようである。そして本手の形が定形化してきた。ただし、以下は比較的くらべやすい南関東の特色といえるかもしれないが、「合掌型」か、左に剣を握り、右に女性の髪の毛を握って下げ、女性が合掌する「剣人型」のいずれかになる。この「剣人」の形は初期大津絵には見られない。あるいは青面金剛が怒り、三尸（ショケラとも）が謝っているという説が多かった。故庚申懇話会会長小花波平六氏はかずかずの掛け軸を見て、青面金剛の剣人相が江戸時代になってみられることから、男女同衾または同様の所業をした女人を懲らしめる形ではないかと推論されている。女性が半裸であることがそれを裏付ける。石彫では見分けがたいが、筆者もこの説に賛同する。

大津絵と庚申塔の青面金剛像の違いが前記のようにもう一つある。輪宝・矛の持ち方で大津絵は脇手の上の手左に輪宝、右に矛の場合が多い。特に初期のものはほとんどこの形である。しかし、庚申塔に彫られたほとんどのものは大津絵と逆で、上の脇手右に輪宝を捧げ、左で長い矛の柄を握っている。

図像的に考えると、左で剣の柄を握り、刃部を直立させた脇に柄が見えるのでバランスがよいと考えることができるが、輪宝・矛という持物の性質から考えると、輪宝はいわゆる十方手裏剣的な武器で右手に持って投げ、すぐ左手の矛の柄に右手を副える態勢をとると考えることもできる。したがって庚申塔の青面金剛の場合、後に輪宝は武器でなく法具として扱われたと考えられる。

筆者は仏像の多臂像は左右の手が一対の働きをするので、インド・中国の仏画の異時同図法と同じで、さまざまな働きを一括したものと考えている。時には悪と戦い（輪宝と矛）、時には仏に礼拝（合掌）し、時には禁忌を冒した女性を悔い改めさせ、弓矢で悪と戦う。その時どきの姿の集大成が、多臂像となったと思われる。このように、どの仏尊でも多臂像の場合は、かならず手の数は偶数になっている。したがって、青面金剛像は、まれに見る二臂像以外は四・六・八臂像である。

剣人六臂像は、庚申日に男女同衾を破った女性の髪を握って魔から救い出すさまを現しているのではないか。このように考えたのはインドの仏画が同じ画面で同一人物のさまざまな姿を描いているからである。

仏画が「異時同図」ならば、仏像は「異時同体」で、仏のさまざまな時点での動きを一体に集約することが可能であろう。それは玉虫厨子に描かれた捨身施虎図からも知ることができる。

大津絵の青面金剛像は蛇を持ち、手足に巻きつけている。庚申塔には頭に蛇をのせるものがみられる。蛇とわからないまでも頭髪が二つに分かれ、横に段が重なって見えるのはとぐろを巻いた蛇の胴体の側面である。また青面金剛は頭部に髑髏《どくろ》を載せているという。中国や南方仏教国では、その昔、風葬など自然葬がさかんであったから髑髏を入手できたが、日本では至難の業であったろう。しかし、絵軸では頭に髑髏を載せたものも見られる。庚申塔は屋外に建てられ、多くの人の眼に触れるためか、小さな髑髏を数多く首に掛けているものがあるが、頭上に髑髏を載せるものはまれにある程度で、これに代わるものがとぐろを巻く蛇であろう。

青面金剛像の頭部だけでなく、額の上に鉢巻のように蛇を巻きつけ、尾と頭を結んでいるものさえある。手足に巻きつけたものもあるし、輪のように丸めて手にもつ「蛇索」を示すものが多い。鉢巻、胴に巻いた紐、手・足に巻きつけた紐などをよく見ると一端が太く、一端が細くなっている場合は蛇索であろう。

青面金剛は一匹ずつ鬼を踏むというが、前記6図のような二匹の鬼座はきわめて珍しい。普通は一匹で角は見られない。鬼の上に立つ仏像は「鬼座」の仏像と呼び、さまざまな形をしている。うずくまる鬼も向きはさまざまで、まれに正面を向いているものがある。なかにはうつむいて足を曲げているもの、仰向けに寝て手を上にあげ、右足を邪鬼の足に乗せ、左足を額に乗せる形のものが浮間渡船場跡（東京都北区）の天保九年（一八三八）塔にあり、同型のものが三十番神社の文久二年（一八六二）塔、宮地六地蔵（荒川区）にもあるが、これは腹の上に青面金剛が立っている。造塔年代は不明である。足立区鹿浜（路傍）には、前を向いた邪鬼が顔をほぼ直角に曲げ、肩から顔にかけて青面金剛が立ち苦しそうな顔をしている宝暦十二年（一七六二）塔があり、さらに首をひねりその左頬に青面金剛が立つ同地の阿弥陀院の安永元年（一七七二）塔がある。

青面金剛像の鬼座は絶対的なものでないと考えられたのか、直接岩座に立っている像も数多く存在する。

以上、筆者は青面金剛像が大津絵普及の影響下に造型されたと述べてきたが、その初出は諸書ともに承応年間（一六五二～五五）とするが、それ以前の塔がある。

正保年間（一六四四～四八）建立塔　東京都江戸川区葛西　自性院

同院門前の駒型塔で合掌六臂の青面金剛像で肩からの本手は合掌するが、他の脇手は前記の塔の場合、脇の下あたりから左右に開くのにこの青面金剛像は肩の後を交点として変型x型に左右に広げている（図14）。大津絵普及以前の製作者の苦心が感じられる（若松慶治氏判読）。

青面金剛塔は庚申曼荼羅か（石彫工芸）さて、青面金剛は「大津絵」を原点とした像容であると記したが、それを証するものはないであろう。つまり、作者が庚申講の礼拝対象として描いた絵は「青面金剛」だったのか、という疑問を筆者は持たざるを得ない。

仏画として考えると、そこに描かれているものすべてを青面金剛とむすびつけなければならない。したがって、鶏が描かれていても、神使と考えなければならなくなる。しかしこの鶏は

図14　駒型合掌六臂青面金剛庚申塔　正保年間　大津絵様と異なる初期青面金剛像（東京都江戸川区東葛西　自性院門前）

後述するように庚申の夜明けを告げる鶏、したがって一羽の場合はかならず雄鶏である。では、大津絵に描かれる図はなにか。筆者は「庚申曼荼羅」というべき図であろうと推測する。「吉祥天曼荼羅」は功徳天（吉祥天）の左右に梵摩天（梵天）と帝釈天、そのうしろに「百宝華林」という七宝山を描く。吉祥天の下には小さく「呪師」が描かれ、その上には五色の雲に乗る六牙の白象を描き、一番上に飛天が飛んでいるという。

「仁王経曼荼羅」は、中尊のまわりにさまざまな法具を円中に配している。

これら一連の絵画が曼荼羅と呼ばれるのなら、従来、青面金剛の絵といわれたものを「庚申曼荼羅」と呼ぶことに違和感をもたないのではないか。

「庚申曼荼羅」の図柄は、空に日月を配した青面金剛の下に四夜叉、その下に猿・鶏を描いている。これを青面金剛の絵と考えたため、内に描かれたものすべてをその眷属と考えざるを得なかったのである。筆者は民衆信仰に欠かせない「日月」と青面金剛、『庚申縁起』に説かれた眷属の童子二人と四夜叉、鶏と猿という庚申信仰にかかわるものすべてを図像的に配置した「庚申曼荼羅」と考える。

その図柄が造塔信仰と関連性を持って石塔に彫られた時、依頼者は製作者にどの分野まで指示するのであろうか。石材業者の話では、主尊については指示をしたとしても、他の部位の彫り方、像容についてはまず指示がないという。塔面全体の構成が製作者にまかされることになると、それこそ一大石彫工芸である。

青面金剛を中心とする庚申塔の代表的な様式を見ると、次のような構成が眼につく。

まず一番上に日月を彫る。これは瑞雲を伴っているものが大半である。その原点は月待板碑といわれるがさだかではない。しかし、日月を彫った石造物が何らかの信仰にかかわることは疑いのない事実である。断定的に言えることは、個人の供養（逆修・預修）の板碑には日月がないことから、民衆信仰への象徴的な役割を持つといえよう。日月の下には主尊像がある。その左右に童子像のあるものがある。これは青面金剛の眷属であるが、彫られていないもののほうが多い。二童子の下に鶏を一つがい彫る例もある。「四夜叉」を彫る塔は一般には少ないが、その間か下に猿像がある。

ここに記したような「庚申曼荼羅」風の像容を持つ塔は、江戸初期に建立されたものに多く、観明寺・東光寺（ともに東京都板橋区板橋）にある。観明寺の寛文元年（一六六一）塔は四夜叉を欠くが、上部に立派な幔幕が垂れ下がっており、ほかに例のないものである。東光寺の寛文二年塔は、日月・二童子・四夜叉・一鶏一猿の精密な彫刻が見られる（図15）。両塔とも蓮座台石の上に彫られた笠付角柱塔で、これはしかるべき家の墓石の形である。

図15　笠付角柱型庚申曼荼羅四臂青面金剛庚申塔（二童子・四夜叉・一猿一鶏）寛文二年（東京都板橋区板橋　東光寺）

筆者は、この笠付角柱塔と似た形のものを元地主家の仏壇の繰り出し位牌を見て気がついた。石塔の場合は、上部の笠の乗る部分が塔そのものより削りこまれ狭くなっているが、上に笠を載せる形、正面の格狭間《こうざま》の彫り込みは繰り出し位牌の形である。笠を取ると戒名を書いた薄い板が何枚も収まっており、命日の人の札を一番前におく。戒名の見える部分に格狭間を切り取ってある。位牌なればこそ蓮座の上に祀ったのである。

中国と日本の極楽図には大きな違いがある。中国ではこの世から極楽の仏前まで、擬宝珠の親柱のある橋が架けられ、蓮池を渡れるように描かれる。日本では橋がなく、死者は九品往《くほんおう》生《じょう》するが、ただちに極楽の仏前に生れるのは上品上生の人だけで、上品中生〜下品下生の人はいったん蓮の蕾のなかに生れ、順次蓮の花が開いて極楽世界に生れる。そこで人びとは墓を作ると台石を蓮座にして極楽往生を形づくるのである。墓石に蓮池・蓮華などを彫刻するのは、極楽往生の予兆といえるのである。

石仏の場合、台座に精粗の差こそあれ蓮座とし、その上に立てたものが多いのは「笠付角柱型」の原点が「繰り出し位牌」であることを示すものである。

日月もありえない形にまで造形化されている。実は日本の美的感覚のなかで不思議なのは、仏像の衣のひだなど左右が微妙に異なっていることである。蓮池のなかに生れた死者を礼拝するための石塔の蓮の装飾は死者供養に限定されず、製作者は美を競ったようである。宝幢院（北区）の山王二十一社銘の塔に彫られた、ほとんど線画に近い蓮華の図などは単純な美しさを持っている。筆者が庚申塔に限らず、それぞれの塔の日月や三猿などの石彫工芸に眼を奪われるのも、その構図が製作者の技量に任されたと知ったからである。

初めて石仏を見る人びとは、以上のような点を注意してみると親しみがもてるのではないかと考える。

次に信仰とのかかわりを考えていくこととする。

日月　日月は、最初、月待板碑に彫られたという。十三仏板碑にもあるが、日月と種子の部分しか残っていないので、単純に十三仏を供養するものかどうかはさだかでない。しかし、日月の原点が月待信仰によって生れたとしたら、これは弦月と満月を表したものとも考えられ、

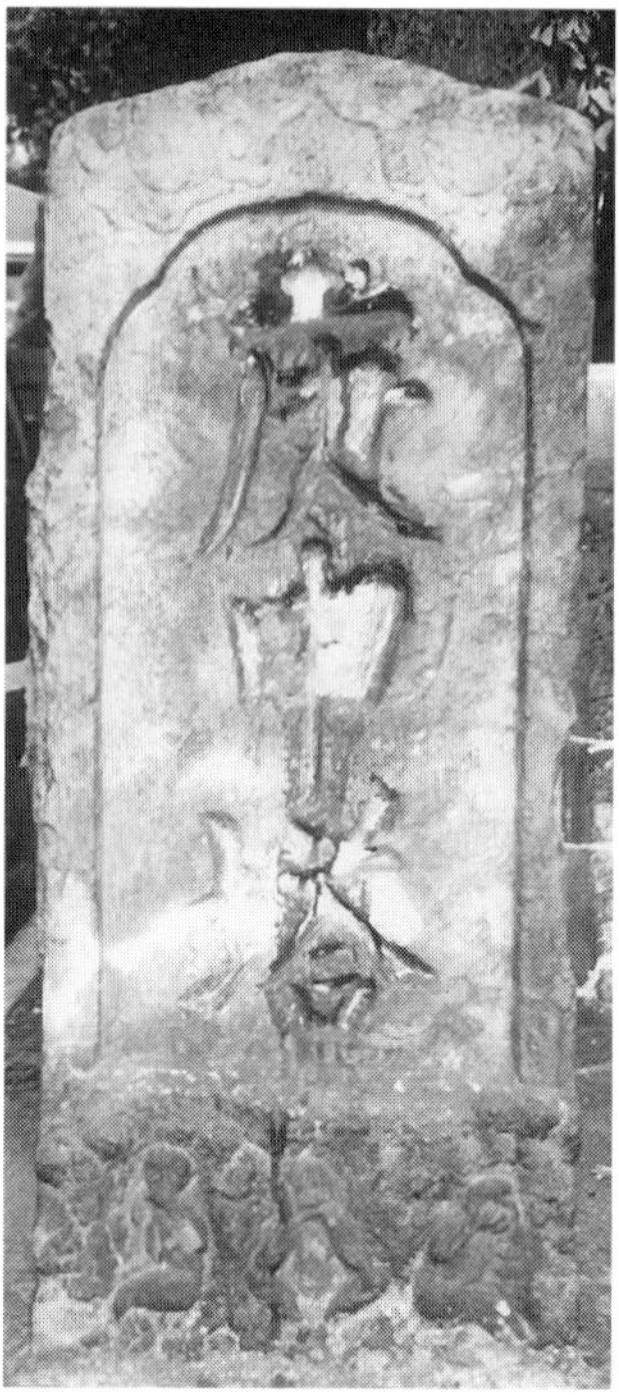

図16　板碑型庚申文字塔　宝暦八年（東京都北区中里　円勝寺門前）

後に日月となったのであろう。同円の場合、日のなかに烏（中国では三本足という）、月のなかに兎を彫る例（新潟県佐渡市）も見られる。日月を板碑型の庚申塔では額部に彫り、中央の半円形に彫りこまれた部分に種子が彫られる例が多く、日月を守る感じとなる。

日月はおもに浮彫（陽刻）されることが多く、これを載せる瑞雲を伴うものが多い。月の表現にはいくつかのパターンがある。弓張月・弦月といういわゆる三日月型にするもの、丸いままにして、そのなかに弦月の線を彫りこむものもあり、円の内側に内接して小円を描く極端な例も見られる。この場合も地域性があって、円を雲で隠しその縁だけをのぞかせる地域もある。

三浦半島の塔は、最上端の中央から側面を直線で左右に削る駒型塔が多いが、その多くは駒型になっているあたりから左右に彫りだした日月の上縁が現れている。しかもこれに近似する例は、都内では円勝寺（図16、東京都北区中里）の宝暦八年（一七五八）塔（日月は駒型の最上部にあるが上縁は飛び出ていない）などであり、明らかに三浦半島の地域性を現したものといえよう。更に東京湾北岸奥の千葉県松戸市には同種の塔があり、水運の影響を示している。

庚申塔の多くは、向って右に日を配しているが、なかにはこれを左に配しているものもある。古代中国では向って右を上位としたので、そのように配したのではないかと思われる。東京都内の庚申塔の割合を見ると、北区では日を右とするものが三〇基、左とするものが一四基、荒川区では一一対九、戦災で減少した墨田区でも一三対三，世田谷区では五九対三九と圧倒的に右に配するものが多い。これは北に向って右が東であることが一因かと考えられるが、埼玉県の月待板碑四十数基中、日を左とするものは一基しか見られない。

日月の方向が定まらないことは「東の野にかぎろいの立つ見えて顧《かえりみ》見すれば月傾きぬ」「菜の花や月は東に、日は西に」のように、現実にも東西が逆方位にも見られるのである。

猿　庚申塔は「三猿塔」といわれ、かならず三猿がついているように考えられているが、実際にはそうでないものも見られ、初期庚申塔には一猿のものが多い。本書では、一匹・二匹の猿は一猿・二猿と呼ぶが、三匹の場合は並び方いかんにかかわらず、眼・耳・口の片側だけでも塞いでいるものを「三猿」とし、それ以外は「三匹の猿」と呼んでいる。

庚申塔に先行した庚申板碑には猿に関した像も文字も見られない。猿像が形として表れるのは山王社にある懸仏である。懸仏は「押出仏」ともいわれ、鏡型の板から打ち出す場合と仏像型にふくらんだ部分を切り取り、鏡型の銅板にとりつけたものの二種類あって、寺院の欄間や横桁などに取り付けた。なかでも権現《ごんげん》社・明神《みょうじん》社のもので、ご祭神の本地仏を表したものは「御正躰《みしょうたい》」と呼ばれる。権現とは、本地仏や人が権《かり》に神となって現れたもの。明神とは、仏教を守る神のこと。このような考えで神社に祀った仏像なので「御正躰」と呼ばれた。神仏混淆が生んだ言葉である。

　この御正躰で、山王社には阿弥陀如来を拝む猿像を押出した「庚申供養」銘のものが見られる。この山王信仰を塔に表現したのが8図（九一頁）の北区赤羽宝幢院の寛永十六年（一六三九）塔である。これは「山王二十一社」の銘しかなく、庚申塔か否か論議もある。阿弥陀如来は山王三聖の一つであるが、上七社三番目の聖真子社の本地仏で山王の代表とはいえない。しかし、初期庚申塔にその像が見られるのは、山王信仰とともに『庚申縁起』の多くが阿弥陀如来を暁に祈る仏尊としていることによるものと思われる。

　阿弥陀如来と山王二十一社を拝むことによって、庚申の夜を守った人びとは神使である猿に自分をなぞらえて合掌したと考えられる。

　初期庚申塔に見る猿像が、山王信仰に基づいたものであることは、御幣をもち合掌する形から知られる。御幣を持つ像は世尊寺（東京都台東区根岸）の延宝二年（一六七四）塔にある。六臂の青面金剛像（図17）で、二童子を左右に、四夜叉を下部に配し、その下に一つがいの鶏の中央にしゃがんだ猿が御幣を高く捧げている（図18）。拝む形の一猿は（九六頁図12）の浅草観音の承応三年（一六五四）塔で、法界定印《ほっかいじょういん》を結ぶ胎蔵界大日如来像の下に、向って右にしゃがんで合掌し、左の雄鶏一羽と向き合っている。鎧神社（東京都新宿区）の寛文五年（一六六五）舟型塔は大きな一猿が正面を向いて座っている。長楽寺（同）の寛文十二年の石燈籠にも同型の一猿が彫られている。

二猿の場合、合掌した姿のものが多いが、大久寺（東京都北区田端）の庚申塔台石（慶安三年

図17　駒型合掌六臂青面金剛庚申塔（二童子・四夜叉・一猿二鶏）延宝二年（東京都台東区根岸　世尊寺）

〈一六五〇〉以外にも正面を向くものがいて、三不型の二型をとるものが、山梨県北杜市長坂で多く眼につく。

日光方面の塔では、塔身の上部・下部を問わず二猿の合掌像がほとんどで、「日光型二猿塔」と呼んでいるほどであるが、小台七庚申（東京都荒川区小台）の承応三年（一六五四）正面金剛銘塔（板碑型）にも、下部で左右向き合って合掌している（図19）。

猿像の多様性は三猿が生れたことできわまったといえよう。三猿は最澄・空海始源説もあったが、小波花平六氏がアンコールワットの人物像のなかに、三不型ともいう、眼・耳・口を手で押さえる三体の像があること発見した。正面を向いて三不型をとる姿は、日光東照宮の装飾での三猿像が有名であるし、言霊信仰の面からもさまざまな表現が可能である。

眼を押さえる不見型を「みざる」、耳を押さえる不聞型を「きかざる」、口を押さえる不言型

図18　庚申塔下部の四夜叉二鶏一猿像〔図17庚申塔下部像〕（東京都台東区根岸　世尊寺）

を「いわざる」と呼んでいる。堀孝彦氏は三猿をミ・キ・イと表現し調査・発表の便を示している。

三猿ほど、歴年変化と地域性にとんだ民衆信仰の対象はまれである。まず形態の変化を見てみよう。東京を中心とした南関東を例としているので、他地域とは異なると思われるが、きわめて顕著な例である。

三猿像の古例は大蓮寺（千葉県浦安市）の正保三年（一六四六）塔前後といわれている。筆者が歴年変化と表現したのは三猿坐像の変化である。三猿像は正面を向いて坐るが、変化がある

図19　板碑型庚申文字塔　奉造建正面金剛本尊一宇二世安楽所、逆修成就所、庚申供養一基　日光型二猿像　承応三年（東京都荒川区小台　七庚申）

のは膝から下である。承応―明暦―万治―寛文ごろの三猿像は、左右に出っ張った膝から足首にかけてほぼ垂直になっている。しかし、それ以後足首はだんだん近づいてくる。膝から上の首（眼・耳・口）に当てた手と、膝から足首への線が菱形となってくるのである（一二六頁図21）。

地域性が見られるのは、一猿のときには信仰感覚で造型され、二猿のときには向き合って神使像を形づくっていたが、三猿像になると、信仰的には一匹が眼、一匹が耳、一匹が口を塞ぐことが唯一造型の条件となったので、これを満たせばよいと考えられたのであろう。前述のように三匹が同一型で並ぶことは定型であっても、信仰的条件ではないとしか思えないほどに変化に富む姿態の猿が見られるのである。

まず元禄ごろから三猿像に変化が生じた。三猿そろって正面を向いていたのが、なぜか両端の猿を横向きの形で彫るものが現れた。もちろん眼・耳・口を押さえていることに変わりはない。三猿が菱形に造型される以前の寛文年間の塔には、三猿を主尊としたものが比較的多く存在する。

このころから猿像に地域性があらわれてくる。その好例を千葉県野田市に見ることができる。それ以外の地、たとえば三浦半島など野生の猿を見る機会に恵まれていた地域の庚申塔にも、足を投げ出し、岩座のあちこちに彫られた自由な姿勢をとるものがある。

野田市は醤油の町として栄えた。その資力を背景とした野田市所在の庚申塔は多彩である。各種石仏類の彫刻の見事さは言うまでもないが、三猿像の自由奔放な表現には驚かされる。三猿像はかならずしも両手で眼・耳・口を塞ぐばかりでなく、片手で塞ぎ、子連れの母猿は、小猿にその部分を押さえさせるものもあり、庚申塔のある部分で猿が遊んでいる感じさえ持つのである。三猿が擬人化されたものも多く見られ、なかには限りなく人体に近い表現のものさえ存在する（西光院・明和二年〈一七六五〉塔）。しかも、この風潮は南接する流山にも伝わったようで、同種のものが見受けられる。東京都足立区神明の稲荷神社所在の塔（上部欠損で造立年不明）の三猿像にもその傾向が見られるが、その残欠銘が「流山道」という道標銘である。

三猿は像が多様なばかりでなく、文字で表現されることもある。「不見・不聞・不言」や「みざる・きかざる・いわざる」のほか菅原神社（千葉県野田市堤根）の元文五年（一七四〇）塔には篆書《てんしょ》系異体字で猿の字偏で「聞・言・見」が旁《つくり》の作字もある（次頁図20）。

猿は中国では猿猴と呼ばれ、「侯」が敬称なので猿図は出世を意味し吉祥図といわれた。室町時代の絵画に猿図が描かれているのはこのためであろう。

三猿のなかには牡・牝の特徴を彫り出したものもあるが、なかには小猿まじりの四猿もある

図20　自然板石型猿田彦大神塔・台石　狺　〓　〓銘　元文五年（千葉県野田市堤根　菅原神社）

ので、子孫繁栄を願ったものと思われる。

正面を向く三猿像のなかには一猿を上にし、その下に二猿を並べる三尊形式をとるものがあり、これを主尊としたものもみられる。宗建寺（東京都青梅市）の文化九年（一八一二）塔の台石には扇をかざして踊る三猿像を彫っている。台石の三猿像が横向きに立って片手で三不型をとり、片手で鍬・鋤を持つ二猿の前に差出した掌の上の種を播《ま》く一猿を彫った像（吉田真理子氏推断）がある文化十三年（一八一六）の塔が埼玉県蕨市錦町にある（次頁図21）。

猿像のなかには小猿まじりの四猿もあるが、江ノ島（神奈川県藤沢市江ノ島）には踊り興じる三十数匹の猿を彫りだした角柱塔がある。一面の上部には瑞雲に乗る日月を彫り、下部中央には両耳を押さえしゃがむ一猿、左右に目と口を押さえる二猿が配されて、年紀・造立・祈願銘はないが、庚申塔であることを示している。

鶏　鶏は青面金剛の神使ともいわれるが、庚申信仰と鶏の関係を考えるときに思い浮かぶのは、「庚申待は鶏の鳴くまで」という言葉である。筆者が単純に鶏鳴説をとるのは、一猿一鶏の場合、かならず雄鶏と思われるからである。一番鶏は午前二時に鳴く。つまり、鶏鳴は庚申という忌むべき日の次の日を呼び出すためであると考えられる。

したがって、暁に阿弥陀如来を拝むことと、午前二時に鳴く鶏を祈ることはある意味では同

図21　三猿三態庚申塔下部・台石　〈上〉江戸初期型　延宝五年〔両膝下を直立させている〕(東京都北区上十条　十条聖観堂境内)〈中〉江戸中期以降型　宝永元年〔腕・脚で菱型成型〕(東京都北区赤羽北　守倉稲荷神社境内)〈下〉特殊形態型　文化十三年〔片手で三不型を現し、右から鍬・鋤・掌上の種〕(埼玉県蕨市錦町)

列に考えられるのではないだろうか。

　庚申塔の地域性は鶏像にも見られる。地域によっては鶏像を伴わない庚申塔が多いところもある。つまり、鶏像は庚申塔になくてはならないものではない。鶏は庚申日が過ぎて新しい次の日がくるように、太陽を呼び出す鶏鳴の早いことを祈るのが主目的であろうと考える。初期庚申塔の一猿一鶏の場合、かならず時を告げる雄鶏一羽であるのもこのためと考える。また、水死者が所在不明の際、舟に載せて川を上下し、遺体の上に至ると鳴くといわれることから、その霊性も考慮される。

　前掲大津絵九図中、八図まで雄鶏は向って左に描がかれているが、江戸時代の庚申塔はほとんど向って右に描かれている。この配列は、『和漢三才図会』、『守貞漫稿』にみえる内裏雛の配列である。現在、東京方面の内裏雛が男雛を左に配しているのは、明治以後の天皇・皇后の並び方によったものであるという。京都中心の関西では、明治以前の並べ方（男雛が右）である。

　以上のような「庚申曼荼羅」系の画軸（次頁図22）を筆者も所蔵しているが、これは淡彩軸装の浮世絵様式であり、左上部の月輪の輪郭の一部分が重複しているので、原画を透写したことが明白であり、庚申信仰伝播の一形態を示していると考えられる。

3　庚申文字塔（多種型塔を含む）

庚申塔のなかでも、彫像をまったく伴わず文字しか彫られていない塔、二猿・三猿の彫像はあっても他は文字のみの塔を「文字塔」と呼ぶ例もある。

図22　庚申曼荼羅掛図　年代不詳淡彩図（日月・剣人六臂青面金剛・鬼・二童子・四夜叉・二鶏・三猿　日輪右上部に透写跡〈透写による伝播を想定させる〉あり）　著者蔵

文字塔といってもいくつかの類例がある。庚申関係の主題を大書したもの、主銘を塔の中央に彫り左右に造立銘を彫るもの、主銘・祈願銘を中心に彫るものなどさまざまな様式のものがある。

後世の塔は、「庚申・庚申塔・庚申塚」など簡潔に主題のみを彫るものが多い。近世後期の塔は、主題を大書し、祈願銘・造立銘を裏面や側面に彫るようになっている。

たとえば自然石などの表面に「庚申」などと彫りこむのは、近世後期の塔と考えられるが、与楽寺（東京都北区田端）にある万治元年（一六五八）塔は板碑型の塔の中心上部に「庚申」の二字だけ他の銘文とほぼ同じ大きさで彫ってあり、当時の塔としては異例である。造立銘は向って右に「万治元年」、左に「戌九月四日」と主銘より大きな字で彫られている。板碑型の文字塔は、供養銘を中心に彫るのが普通で、このような塔は数少ないと考えられる。

西蓮寺（東京都北区志茂）にある丸彫の地蔵菩薩立像の場合は、二基とも本体の向って右側面に祈願銘があり、左側面に紀年銘がある。元禄十五年（一七〇二）塔と享保五年（一七二〇）塔で、台石は正面に三猿を彫りだし、両側面に造立者銘はあるが、造立地銘は享保五年塔の背面に武州豊嶋郡下村と彫られている。このように、それぞれ塔によって異なる場所に銘文を彫っている。

図23　須弥壇型庚申塔　天明五年〔古来願主―延宝八年銘あり〕（東京都文京区大塚　護国寺）

文字塔には巨大なものがある。およそ二メートル四方の石敷き基盤の上に積み上げられた護国寺（東京都文京区音羽）の塔（図23）である。総高は二メートル一〇センチで数段の石を積み上げ、精巧な彫刻が施されている。主塔はゆるい傾斜の角錐状になっている。二八センチ×二四センチの角錐で、その下が五〇センチ、正面に「庚申」の二字を彫る。その下に二段の台石がある。一番下の台石の正面に格座間《こうざま》という長方形の彫刻がある。三段の主塔を支える部分が八〇センチ角で厚さ一〇センチであるが、下の部分が蓮座になっている。上は四隅に円柱を建て、網代模様を石にほどこした勾欄を円柱に取り付ける。唐様の須弥壇を模した彫刻が施された豪華なもので、四角の蓮座を支えるのが中央の柱と猿像である。猿は中央の柱とともに高さ二二センチで、片膝を立てて坐り、手を上げ蓮台を支え、片手は膝に置いている。手首と肘の間が三匹とも欠けているが、手首が膝に残っているので三猿でないことがわかる。なお、右奥には猿像がなく、同じ高さの石がはめ込んである。その下には蓮弁を下に向けた「反《かえ》り花」が厚さ三四センチの石に彫ってある。反り花の下の四面には龍が雲に乗っている姿が彫られている。さらに、この石の下にある一メートル二〇センチ角で高さ二四センチの基壇の四面に造立銘が彫られている。

護国寺にはかつて隣接する豊山高校あたりに西国三十三所観音霊場の写しがあった。『江戸名所図会』には林間に「かうしん」と注記された小堂が描かれている。この塔は描かれていないが、塔はこの庚申堂の須弥壇を模したもので、本尊にはばかって主銘だけにとどめたと思われる。

一番下の台石は、正面一メートル四五センチ、側面一メートル四〇センチ、高さ三九センチで、この上に銘文のある石が乗る。

銘文は基壇に向って右側面に三八名、正面には「音羽下町講中」と横書きされ、その下に右から二一名、続いて八名、左側面に世話人一〇名、続いて「音羽町九丁目」と彫り、その下に願主二名を彫る。間をあけて「武江小日向水道町」「石工　勘助」「細工人　安富與兵衛」「天明五乙巳歳（一七八五）」「十一月吉祥日」とあり、さらに間をあけて「延宝八庚申稔（一六八〇）」「六月八日」と彫り、「古来願主」の銘に続き、二段に七名ずつの銘を彫る。裏面にも「水野氏　英世」の銘があった。

以上、詳説したのは、これらの銘文のなかに民衆信仰の経過を探るいくつかの謎解きを含んでいるからである。

第一は「古来願主」である。従来、様式的に造立紀年銘に合わない塔は偽年銘塔と考え、後発の造立者が意識的に古い年銘としたと考えがちであった。しかし、この塔が報恩の目的で「延宝八年」と彫っただけなら偽年銘塔とされたであろうが、「天明五年」銘があるので延宝塔の再建であることは明らかである。この庚申塔は須弥壇型といえよう。

造立者銘のほとんどに屋号がついている。多数の銘のうち、屋号のないものは古来願主銘を除き一四名で、そのうちの八名は大工である。しかも、この大工は基壇向って右側面に二、三人目から銘が続いている。「お店」の庚申塔建立に協力しているのである。これ以外にも浅草などにある商人建立の元禄七年塔には、商家八名に並んで「大工　善四郎」の名が見える。庚申信仰の伝播がうかがえる。

近世後半になると庚申塔の様相に変化が生じる。青面金剛塔が全盛期となったにもかかわらず、自然石や扁平に加工した石材に、単に「庚申塔」と主銘だけを彫る塔が多くなる。従来この変化は造立者の好みとして見過ごされてきたが、この動きこそ寺社奉行所の考え方が先に記した『司曹雑識』と近いことを示すものと筆者は考える。

いうなれば、初期庚申塔は仏尊への報告のため銘文を彫ったが、近世後期の文字塔は指導者を世間にアピールするものであった。

特殊型塔

五輪塔（五大〈地・水・火・風・空の五つの称〉にかたどった五つの部分からなる塔）平安時代に発生したと思われる。上から宝珠形は空輪、半球は風輪、三角は火輪、球は水輪、方形（四角）は地輪で、真言宗勧学福性寺（東京都北区堀船）前住職田久保周誉氏によると、空輪以下の四石は須弥山を囲む九山八海に浮かぶ四つの大陸を積み上げた型という。このなかで、人が住んでいるのはインドに準じた三角の大陸であるという。この塔に「庚申関係銘」を彫ったのが東京都杉並区永福寺門前の正保三年（一六四六）塔である（図24）。

法事などのときに奉納する板塔婆の左右四ヶ所の切り込み部分を延長すると、五輪塔の形が浮かび上がる。つまり、人びとが奉納するのは五輪塔にほかならない。東京都の報告書によると、この刻み目を入れることを「五輪付け」というそうである。

宝篋印塔《ほうきょういんとう》　これはもともと金属や宝石で造り「宝篋印陀羅尼」を納めて、寺院に奉納したものである。五輪塔とどちらが先か判らないが、これを石塔の型にしたものである。塔の笠の

図24　五輪塔型（近世様式）庚申五輪塔　正保三年（東京都杉並区永福寺）　火輪（三角）は近世様式

四隅に耳と呼ばれる飾りが直立するが、経典を入れる函ではその部分が蓋と身の境目である。しかし、理由は不明であるが、鎌倉時代を過ぎると直立する、四隅の飾りが徐々に外に開き、飾りの面にも装飾が加えられ、近世になると、その傾向が甚だしくなり四角い笠（方形屋根型）になる。四つの耳飾りのある墓石・供養塔も「宝篋印塔」と呼ばれた。

耳飾りがないため、単に層塔と呼ぶこともあるが、この種の塔でも塔身に宝篋印陀羅尼や「宝篋印塔」銘、その種子《しゅじ》シチリヤが彫られる場合も多く、「近世様宝篋印塔」と呼ぶこととしている。

庚申関係銘があるのは、寛永三年（一六二六）塔（東京都目黒区中目黒）、正保四年塔（東京都新宿区・月見ヶ八幡神社）などであるが、渋沢稲荷（神奈川県横浜市鶴見区北寺尾）の寛文元年（一六六一）塔には三猿の陽刻像もある（図25）。右横に寛文十二年の地蔵庚申塔が並ぶ。近世様宝篋印塔については、平野実氏が群馬県吾妻郡草津町の明和六年（一七六九）塔のことを、次のように記している。

> 変則的なもので「角」がなく方形の部分が高く伸びて、笠付角塔のように見える。しかし宝篋印塔型として造立したことは、その正面に「宝篋印塔庚申塔」とおおきくきざんであるから確実である
> （『庚申信仰』角川選書、一九六九年）。

図25　宝篋印塔型　三猿宝篋印塔　寛文元年、右隣　舟型地蔵庚申塔（銘文・三猿台石　寛文十二年（神奈川県横浜市鶴見区北寺尾　渋沢稲荷神社境内脇、藤井慶治氏撮影）

石祠　柏木神社境内稲荷

社（東京都北区）の向って左側面の享保三年（一七一八）銘、造立者五名の銘の上に「武州神谷村□□　奉供養　庚申（横書）講中　所願成就」の銘文があり、祠内の正面には稲荷大明神の銘がある。石祠を造立することは講にとっても大事業であろう。

文字塔の場合に注意することは、紀年銘と塔様式、塔のいずれかの所に削った痕があるかどうかである。幕末期と明治維新の神仏判然令で二回改刻された可能性が考えられるからである。自然石の中にはキリシタンの聖母子塔をかたどったと見られる異形塔が長崎県南島原市北有馬にある。大きな石の上部とその下の左寄りの二ヶ所に丸石をはめ込み、まさにマリアの顔と抱いたキリストの顔を形づくり、上部の石には「青面尊神」と彫り、下の石に造立銘が彫られている。（『読売新聞』平成十八年一月十五日朝刊一五面に同社の平井実氏撮影の写真記事が掲載されている）

特殊型の塔については、庚申懇話会編『日本石仏事典』（雄山閣出版、一九七五年）に紹介されている。

第四章　庚申信仰と民衆信仰

1　庚申信仰と数量信仰

さだかではないが、古代中国の仏教では、多くの人が集まって祈願修行すれば、ご利益が増えるので多数の人を集めて行事をおこなったという。

しかし、常に多くの人を集めて行を行うことが困難な日本では、一つの行を繰り返し行うことによって功徳が多くなり、また一つの行を多くの人が行うことで功徳を得ると考えた。この二つを生かすことが数量信仰である。

前者が観音を祀る寺院三十三ヶ所をめぐる巡拝となったと考えられる。七福神参りも同様である。

後者の例が各地に見られる千体仏・千体地蔵で、庚申信仰にも見られる。百庚申・千庚申である。千体仏・千体地蔵は、小型の仏像を求め、あるいはそれらしい形に彫って納めるが、庚申信仰の場合は、庚申塔の持つ性格からさまざまな方式が生れた。

百庚申　ⅰ庚申塔を一ヶ所に一〇〇基建立する。①同型のものを一〇〇基そろえる。②思い思いの形の塔を一〇〇内外建立する。いずれもそれを果たすために人びとが協力する。③百庚申と彫る。

②の例としては埼玉県和光市白子の吹上観音（東明善寺）に嘉永二年（一八四九）の青面金剛塔（図26）とその周辺がある。

ii一塔に一〇〇語彫る。①庚または申字を同一書体または書体を変えて一〇〇語彫る。②「庚申」またはそれを示す意味の語句を一〇〇（語）彫る。

iiの例としては東京都足立区青井に嘉永元年（一八四八）塔があった（道路改修で足立区郷土博物館に移建）。角柱で正面に「百躰庚申塔」、向って右に「一天四海風雨順時」、左に「五穀

図26　駒型百庚申主塔　剣人六臂青面金剛　台石（上…二童子〈側面…四夜叉〉・中…三猿・下…二鶏）　嘉永二年（埼玉県和光市白子吹上観音）

豊登万民安□（寧か楽の異体字か）」、両側面に「猿田彦尊　庚申　青面金剛」と五行に一〇語ずつ彫り、あわせて一〇〇語、つまり百体庚申となる。正面上部の種子は青面金剛を表す「ウーン」で、「武州足立郡渕江領二ッ家」「嘉永元戊申龍集（龍申集《ほしはさるにやど》る〈六五頁参照〉）七月吉祥日」の造立銘が彫られている。

　このように石仏に彫る場合を除き数量信仰の上限・下限はない。したがって、何百かあれば千庚申・千体仏といい、百庚申の場合はそれをはるかに上回っても「百庚申」と呼ぶ。

　千庚申　庚申塔を一ヶ所に一〇〇〇基建立する。ⅰ同型またはやや同じ高さの似たようなものを一〇〇〇基建立する。ⅱ思い思いの塔を一〇〇〇基建立する。いずれも人びとの協力で果たす。ⅲ一塔に千庚申・千体庚申の銘文を彫る。①その塔を主塔として、千庚申を造立する。②千庚申の造立後にこれを記念として建立する。③一塔に千庚申と彫る。このようなさまざまな形態が各地に散見される。

　以上のうち、ⅱの事例の一つは長福寺（埼玉県吉川市道庭）の千躰（体）庚申塚である。同市教育委員会は平成五年の調査で破片を含め四七三基を確認している。その調査によって、同年四月一日に吉川市民俗文化財に指定された。この千体庚申塚は主塔ともいえるものが三基ある。一つは、石垣様の基壇の上にある剣人六臂の青面金剛像の塔（図27）である。これは嘉永

図27　駒型千庚申主塔　剣人六臂青面金剛塔〔千庚申銘塔等大小の庚申塔〈造立者名は現代に至る〉〕（埼玉県吉川市道庭　長福寺）

元年（一八四八）に建てられたもので、この地の千体庚申塔を供養するためのものであろう。

この千体庚申塚造立にかかわる主塔は、基壇の下に向って右に建つ角柱で、正面中央に「千躰庚申塚根立之人々子孫長久祈攸」と彫り、向って右に「天下泰平国土安全」、左に「日月清明五穀成就」と彫り、上部に飛雲に乗る日月（三日月様の弦線が入る）を、日を右にして彫り出してある。

向って右側面には、右から「千躰庚申塚筑立」、「信心之大願主」、「文政八己天酉年（一八二五）五月十五日筑」、その下に右から「道庭村　中村長左衛門」、「中曾根村　豊田吉兵衛」、続けて村人の名が彫られている。左側面には「文政十一戊子年十二月吉祥日」、「長龍山拾世

現住　徳海　建立」と二行、その下に「高久村久三郎」、「彦糸村　千代田作兵衛」と彫った下に村人名が彫られている。裏面には「高富村　采女新田　保村　富新田　上笹塚村　小松川村」などの村名と人名が彫られている。各村の人員は一～三七名に及び、合計一一ヶ村、一三五名の寄進者が文政八年から十一年にかけて造立したことがわかる。（正面の銘文の末字「攸」は「ところ」と読み「祈るところ」と返る）

さらに、石垣積みの庚申塔基壇左下にある角柱には、正面に「千躰庚申塚」、「文政十丁亥十月吉祥日　万人講中」と彫ってある。

このように、文政八～十一年に千体庚申塔が造立されたことは明らかであるが、現存する塔はかならずしもこの三年に限定されるわけではなく、それ以後の紀年銘を持つものも多くある。

この千体庚申塚の特徴は造立者層の幅広さにある。これは長龍寺が東叡山寛永寺の末寺であることが一因であろう。

造立者名は吉川市教育委員会・同郷土史会の記録によると、埼玉県吉川市・三郷市・越谷市・八潮市・草加市・春日部市、千葉県流山市・松戸市、東京都足立区・荒川区・葛飾区・台東区・千代田区・中央区・江東区・江戸川区に及んでいる。

これは現存四七三基の統計なので、一〇〇〇基の約半数である。もし当時のまま一〇〇〇基の塔が残っていれば、その信仰圏をさらに拡大して確認できたであろうことはいうまでもない。時代的にみても大正年代二基、昭和年代一一基で、庚申信仰が受け継がれていることを物語っている。

守庚申は三年一座　三年間、庚申日ごとに守庚申を続ければ、「一座」が終わるという。五庚申・七庚申　一年間の庚申日の回数。旧暦では六庚申が普通であるため、五庚申・七庚申は特別視された。この年に造塔する講もある。

七と庚申　七庚申の影響か、七は庚申信仰と深くかかわる数字である。東京でも大正時代まで「七種菓子」が庚申信仰のために売られていた。一袋に七種の菓子が入っていたという。十五夜・十三夜・甲子（大黒天）祭にもそなえられたというが、庚申日は特別視されていたという。各地の庚申信仰では七種の野菜、七種の花、七個の団子、七個の餅を供えるところ、米を七回洗うところ、七度夜食を食べるところ、七の日を縁日とするところ、七度線香をあげ勤行するところまである。七年ごとに開帳する庚申堂や、「くくり猿」を庚申堂から借り、願いがかなうと七匹にして返すところもある。

2　庚申信仰と猿信仰（富士信仰など）

くくり猿　四角の布のなかに綿を入れて四隅を中央で縫合せて四つの足の形とする。「くくり猿」は出産や子育てを祈るが、庚申堂への奉納品としては関西で眼につく。品川神社（東京都品川区）境内の富士塚は、毎年七月一日に近い日曜日に地元の品川丸嘉講が山開き行事を行っている。平常は閉じている扉を開き、富士講の祭具を飾りつけ、「お伝え」という教典を称える。この行事には庚申信仰との結びつきが垣間見られる。社殿の左右に吊り下げられた二つの長提燈と中央に吊り下げた丸提燈の下に一つずつくくり猿が吊るしてある。

猿像　丸嘉講には猿のぬいぐるみもある。大きさは四六センチ、両手を下げて口を下にむけた竹筒が背中に取り付けられている。この竹筒に二メートル三八センチの竹竿をはめ込み、富士山の方向に向けて社前の石燈籠に結びつける。

石造の猿像もある。高さ三〇センチ前後の三基である。いずれも坐像で一基はヒョットコの面、一基はオカメの面を並べて捧げ、一基は首をすくめて赤い布を首に巻き、三基とも正面を向いているが、三不型の三猿ではない。しかし、「お伝え」には「初申様御礼」と題した歌「富士の山、見ざるきかざる云はざるの神のをしへに、まさることなし」とある。この「まさる」は、勝れるの意味だけでなく、「真猿《まさる》」の意味も含んでいる。〈平成十三年〈二〇〇一〉〉

富士信仰と庚申信仰の結びつきは、各地の富士塚にある猿の石仏によっても知られる。富士山は庚申の年〈孝安天皇九二年〈紀元前三〇一〉〉に姿を現したという。「お伝え」には「北口吉田大社並に御末社犬飼明神、鷹飼明神、御前達〈御前立ての意味か〉には猿田彦命」と書かれている。

千匹猿　くくり猿は関西の庚申堂で数多くみられる。数量信仰とも結びつき、千匹猿と呼ばれ、堂内を埋めるほど吊られる例も多い。信仰者一人ずつが千匹奉納するので、千庚申や百庚申のように、一定の数量に満たすために多くの人が奉納するのとは、いささか異なっている。千羽鶴とその趣を一にしている。

猿の縁起物　題経寺〈東京都葛飾区、柴又帝釈天〉の参道で眼につく縁起物に「はじき猿」がある。竿に抱きつかせた猿を、下部に取り付けた竹バネで昇り降りさせるものである。そのほか、蚕の繭など地元の素材で作られた三猿像もある。多くが三猿像であるのは、庚申塔で比較的眼にふれる機会が多かったことによろう。

図28　石造三猿文水盤　文政八年（東京都北区岸町　金輪寺）

奉納される石猿　参詣者が石猿を奉納するところもあるが、そのなかには一見して参詣者の作と思われるものがある。信仰心の現れであろう。奉納の石猿は一猿が多く、三不型をしているものはほとんど見られないようである。

石造水盤の三猿像　金輪寺（東京都北区岸町）には三猿を彫った水盤図（図28）がある。水盤は幅六六センチ、奥行三六センチ、高さ二九センチであるが、正面の二重の円内に巴状に三猿（三猿は横向きで、尾で内側の円を切る）を陽刻してある。これには紀年銘が二つ彫られている。向って右側面に文政八年、左側面の造立者銘の上に「安政四年（一八五七）巳十二月吉日　再建立」とある。水盤は四隅の上部が欠けており、おそらく大地震で水舎《みずや》が倒壊し、再建されたときに彫られた水舎の再建銘である。

3　庚申信仰と塩信仰

塩を清めに用いることは、神道においても仏教においても現在まで行われている。神仏に供えた塩はより強くその力を持つという考えから、ご本体に触れた塩はさらに強い力を持つと信じられたのであろう。信仰の対象である石仏本体に塩を塗ればその塩に霊力が宿り、患部、おもに腫れ物が治るとの信仰が各地に広まった。そこで諸願をかなえてくれる青面金剛像に塩を供えるようになったものと思われる。

塩による信仰の名残の例として、外周はそのままで彫刻部分が消滅し、全体が痩せている塔がある。そのなかにはこのような溶解状態が三猿部分に及んでいるものもある、多くの場合、塔上部の「日月」、塔下部の「三猿像」などはそのまま残っているものが多い。青面金剛の顔がそのまま残っている塔もある。この例は千葉県市川市でも見られ、各地の庚申塔の「写真集」を繰ると広く普及していたことがわかる。

庚申信仰と塩との関係は江戸時代からみられ、『江戸神仏願懸重宝記』（文政十一年〈一八二八〉）に次の記事がある。

「松屋橋の庚申」（前略）八丁堀より本材木町六丁目へわたる松屋橋に石像の庚申塚あり、此石像に祈願をこめ、何事によらず立願をなすに霊験あらたかなり。願成就のとき石像の前に塩を供す。病人にかぎらず諸願成就することすみやかなり。此石像、去ころほとりの川より泥中にまみれ上りたるにより、此所に安置したてまつれり。遠近の老若参詣たゆることなし。

この松屋橋というのは、都営地下鉄浅草線宝町駅北部の今は埋め立てられた楓川にかかる無名の橋であったが、万延年間（一八六〇～六一）の江戸図には、松幡橋《まつば》（因幡町から松屋町にかかる）とあり、地元では「松屋橋」と呼ばれていたようである。筆者の亡母は日本橋の実家から京橋へ「お針（裁縫）のお稽古」に通う道すがら「松屋橋の庚申さま」の塩をなめていたという。この庚申塔は戦後も中央区の民家の軒下に祀られていたという。

筆者が、塩によって庚申塔が溶解したと述べるのは、西新井大師境内の地蔵や亀戸天神境内の狛犬などが塩に埋まっている光景を眼にしているからで、おそらく庚申塔も同様であろうと考えたためである。

4　庚申信仰と塚信仰

『江戸神仏願懸重宝記』によると、松屋橋の庚申は塚がないのに庚申塔ではなく「庚申塚」と記されている。

日本の塚　日本にはさまざまな塚がある。①何かを土に埋めてさらに積み上げたもの、②ただ土を盛り上げただけのもの、③それぞれ塚の上に何か標を立てたもの、④そのままのものである。形の上ではこの四種類であるが、この上に立てる標が、塚であることを示すだけのものと、塚の目的を示すものがあり、標となるものを高くするために土を盛り上げる場合もあった。

日本の塚の原点は墓である。仏画に「九相図《くそうず》」がある。これは小町変相図・人道浮上僧都とも言われ、人の世のはかなさを描いた絵である。野原におかれた死体が白骨になりやがて焼かれたり埋められて土となる。この死体のおかれる野原が京都・鎌倉の一角にあったのである。

その白骨を焼いたり埋めたところに、塚が築かれ墓石が立てられた。これによって塚と塔が同一視され、庚申塔・庚申塚も混用されるようになった。

日本の塚の特徴は供養したいものを埋めまたは埋めたとして、標を立てることである。他国のように尊敬するもの、先祖の霊、守護を願った神仏への拝礼・供養と同じように、世のために尽くした有形・無形のものへの感謝の意を表すのは、日本独特の信仰である。たとえば、筆塚や針塚がある。

塚に埋めて供養されたものには無形のものもある。本法寺（東京都台東区）にある「はなし塚」は、戦時中享楽的な落語の上演が禁止された際に、それらの「落語」を埋めたという。しかも、戦後これを掘り起こし、かわりに戦時中の落語を埋めたという後日談まである。

庚申塚にお神酒を埋めたところもあるが、七庚申・五年目・三年目・初庚申ごとに年を決めてうれつき塔婆をたてるところもあるという。うれつき塔婆とは、木の枝の葉を残したもので、板塔婆のように年月日・供養目的を記したものを、三十三回忌・五十回忌に立てるという。この「うれつき塔婆」を「つか」と呼ぶ例が多い。したがって、民間信仰で「つか」を作った場合、それとなく土盛りの「塚」か、うれつき塔婆の「つか」かを確かめる必要がある。

塚には何かを埋める。庚申塚に埋めるものは三戸の霊であろう。日本人は霊の不滅を信じていた。しかも万物に霊があることも信じていた。

霊物である三尸にも不滅の霊がある。三尸が伏滅するとしたら、庚申待を続ける必要はないであろう。しかし、庚申待は永続されている。これは三尸の霊を恐れてのことである。そこで霊を塚に埋めて石塔を立てる。人形塚・茶筅塚・扇塚など役目を終えたものに感謝の意を捧げることと同じなのである。

5　庚申塔と三尸信仰

庚申信仰は三尸信仰から始まったが、「三尸」に関する銘文を持つものは意外と少ない。そのなかでも「三尸」または、その名を彫った庚申塔の数は少ないが各地に存在する。

天王寺（天台宗、東京都台東区谷中）の山門を入った左手には多くの庚申塔が立っている。そのなかに、ひときわ大きい板碑型の塔がある。中央に「妙法」と大書し、右に「三守庚申三尸伏」、左に「七守庚申三尸滅」の銘文がある。谷中の墓地から現在地に移建された。かつては付近にあった感応寺の墓地から移された塔で、慶安三年（一六五〇）十二月二十六日造立された。

長耀山尊重院感応寺（日蓮宗）は元禄十二年（一六九九）幕命によって天台宗（後に護国山天王寺）に改められた。この寺にある塔が残されたのは庚申信仰の塔であったためと考えるのは早計であろうか。今も宗派を超えて当時の人びとの願いを伝えている。

「絶三尸罪」と銘の彫られた寛政六年（一七九四）塔が東京都小金井市に、「絶三彭仇」と銘の彫られた寛政五年塔が埼玉県上尾市にある。

庚申信仰の原点である三尸銘のある塔が少ない点から、三尸信仰が少ないのではないかといわれるが、庚申講の際に三尸の名を青面金剛真言として唱えているところも残っている。三尸の名を連ねたものもある。しばしば引用するが、『司曹雑識』（著者不明）に、三尸の上天を防ぐより悪事をしなければよいと記していることは、江戸のような都市では庚申待が外来文化であることを知っていたからではないか。というより、三尸説の実相は判らないまでも、ある程度の知識は講の指導者から聞いていたと思われる。

青面金剛は、日ごろ拝むことによって願いを叶えてくれる。これに香華《こうげ》を供え、三尸が上天する日に徹夜するのだから絶対だと考えても不思議はない。江戸時代になり人びとの生活が安定すると、民衆の造塔がさかんになったといわれている。

しかし、このような習俗は日本固有のものではなく、むしろ外来文化に起因するものが多いのである。仏教文化と同じで、ある程度、日本文化と融合し民衆に受け入れられたとき流行現象を起こすのである。日本固有の文化の場合、生活環境に合わせて漸進的に取り込むことはあっても、流行現象は起こらないであろう。

したがって、青面金剛のような新しい仏によって三尸を克服できるのであり、さかんに彫像・造塔が行われたのである。

密蔵院（調布村〈東京都調布市〉当時のお札）

□□□□□□□□□□□□□□□《おんでいばやきしゃばんだかかかかそわか》（原文は梵字）

唵降震帝《おんごうしんち》降震帝《ごうしんち》　毎土利《まいとり》毎土利《まいとり》娑婆賀《そわか》

唵彭光子《おんぼうこうし》　彭帝子《ぼうていし》　命児子《めいじし》（三尸の名）

礼拝文　三十三度（四句文）

諸行無常《しょぎょうむじょう》
是生滅法《ぜしょうめっぽう》
生滅滅已《しょうめつめつい》

寂滅為楽《じゃくめついらく》

調布村密蔵院

6　宗教を超えた百二十歳信仰

第一章（一三頁参照）に人は悪事を行わず、三戸の上天を阻めば百二十歳余まで生きられると記した。

旧約聖書『創世記』によると、アダムもその子孫も長い寿命を持っていたが、後に神は「私の霊はいつまでも人のなかに留まることはできない。人といっても、彼は肉であるから、その寿命は百二十歳にきめよう」（関根正雄訳〈岩波文庫版〉）といったという。ノアの何人目かの子が生れたときという。

中国の干支により百二十歳となる人間の寿命は、キリスト教によっても百二十歳に決められたという。いいかえれば人の心に東西はないのである。

7　庚申信仰と髑髏信仰

青面金剛像には、髑髏《どくろ》を首にかけているものがある。『陀羅尼集経《だらにじっきょう》』には「頭にどくろをおき」、「どくろの首飾りや胸飾りをつけ」と記す。

日本では髑髏を頭に載せることは馴染まないと考えられ、大津絵にそれらしきものはあるが、はっきり描いたものはほとんどない。青面金剛像が庚申塔に彫られるようになると儀軌を無視できず、頭頂に髑髏の代わりのものを配した。それがとぐろを巻いた蛇である。

青面金剛のどくろの首飾りはときおり眼にすることがある。これには二つの理由が考えられる。

一つは、『大般若経』六百巻を転読するときにかける掛軸の画面左右に、八体ずつの般若十善神が描かれている。その右前には数多くの経を背負った三蔵法師を描き、左に鬼形の深沙大《じんじゃだい》王《おう》が描かれている。首に「髑髏」の首飾りを掛け、なぜか腹に少女の顔を表している。

いま一つは、『西遊記』の沙悟浄《しゃごじょう》の話や絵に触れる機会があったためと思われる。

チベットや中国では、鳥葬か塚に葬るので、あちこちで髑髏を見たり触る機会が多かった。特異な霊力を持つと思われたようで、チベット仏画のなかには、なみなみとカパラ（頭蓋骨）に血を入れて持つ仏像が見られる。カパラや腕とか足の骨を使った楽器まである。チベットに密教が伝来したのは日本より一世紀後であった。

よく狐が化けるとき頭に木の葉を載せるというが、中国では髑髏を載せる。わが国では、これを木の葉にかえて狐に化ける機会を多く与えたのである。

8 庚申信仰と青色信仰

青面金剛に配された蛇は、胴体のなかほどを摑まれながら、手に絡みついていないし、なかには鉢巻や帯代わりにされているものがある。蛇が頭上でとぐろを巻くのはくつろぐ姿という。水天も青面金剛と同様に頭に蛇を載せるが、頭髪のなかの蛇は鎌首をもたげて口を開き、二股の舌を出すなど威勢がよい。

青面金剛に配された「蛇索」の蛇がおとなしいのは「青」にあるのではないか。その青はブルー系あるいはグリーン系であろうか。青面金剛の青とはいずれであろうか。

平成七年、町田市立博物館で開催された「青面金剛と庚申信仰」展には数十幅の青面金剛の掛軸が展示されたが、ブルー系のものが多かった。現状では色あせて茶色のものが多いが、残存の色から判断して、ブルー系のものが色褪せたものと思われる。

日本において青がブルー・グリーン両系の色を表現するのはいつごろからであろうか。文化四年（一八〇七）以前に混用されたことを示す図が、少林寺（埼玉県上尾市）所蔵の「涅槃図」である。

少林寺は寺紋の「三ツ鱗」が語る北条氏ゆかりの寺である。鎌倉の縁切寺（東慶寺）開山北条時宗の妻覚山尼が開基となった寺院で、この図は文化四年十月に真洲比丘宗観の描いた大幅の軸である。これを資料とするのはきわめてユニークな面をもつからである。たとえば狐を描くが、別に稲荷の神使である白狐を描く。兎は茶色と白色の二匹を並べるという調子である。そして図の下半部中央に二頭の青獅子を上下に描くが、上がブルー系、下がグリーン系である。

本図は雲上に涅槃の場へ向う生母麻耶夫人たちを描き、中央に多くの仏や人に囲まれた釈迦如来を描く。中世以来の涅槃図の様式で、下部には数十種の動物が描かれる。スペースの関係でその縮尺は定まらないが、その描写は動物図鑑を見るがごとく正確に描かれている。

しかも、青獅子のように架空の動物もその特徴を強調して描かれている。人の悪夢を食うという獏《ばく》も描かれている。女性の顔は白色で表現するが、女性系の仏は金色を意識して薄い肌色で描かれる。

筆者が、「青獅子」に注目するのは、ブルー系・グリーン系の二色が混用された明らかな資料だからである。本図には青面金剛もブルー系の空色で描かれている。したがって、「青色信仰」がいずれをさすか不明であるが、青色は蛇のもっとも嫌う色といわれる。農作業に使う手甲・脚絆を紺や藍に染めるのは、蛇（おもにマムシであろう）除けといわれる。青面金剛に配された蛇がおとなしくしたがうのは当然といえよう。

このほか、青面金剛には龍もまといついているとされ、大津絵には角らしきものが描かれているものもあるが、庚申塔にはその作例はきわめてすくない。

9 庚申信仰と雷光信仰（帝釈天）

題経寺（柴又帝釈天、東京都葛飾区）の寺紋は菱形を三つ重ねた形をしている。これは安永三年（一七七四）本堂再建時に天井裏の棟木の上から発見された、日蓮自刻板本尊下部の帝釈天の兜にも見られる。この板本尊の右端には「高祖真毫自告帝釈天写」と彫り、上部に十界曼荼羅を配し、下部に帝釈天が彫られている。帝釈天の冠る兜の両端には三重の菱形が描かれているが、これは雷光をシンボル化したものである。

この雷光は「稲光」ともいわれ稲の生育と関係づけた。雨は雷神によって支配されると考えられたようで、雷光の多い年は稲の実りがよいといわれた。一部で庚申が作神信仰といわれたのは、この信仰によるところが大きい。

10　庚申信仰と橋信仰

日本人にとって「橋」は単なる交通施設ではなかった。宇治橋古碑によると、人が初めて空中に立ったのが橋であった。したがって、橋に霊的な感覚を持ったのである。これが松屋町にある庚申塔を「松屋橋」の庚申塔と呼ばせた理由であろう。人びとは、橋には「橋姫」が住むと考えた。三上山を七巻半した大百足《おおむかで》を、瀬田橋の橋姫に頼まれて退治したのは藤原秀郷である。江戸時代には橋占（橋を通る人びとの対話で事を決める）さえ生れた。

また「橋」は「階《きざはし》」で上昇する意味も含まれ、庚申塔には橋の永続性を願う「橋供養」銘のものもある。庚申講は利便性を考えて橋を架け、その供養を行ったことが銘文に彫られている。元文五年（一七四〇）建立の金剛寺（東京都北区滝野川）の塔は「奉庚申供養石橋造」の銘文を持つ。

橋供養銘は、戦災によって多くを失った荒川区の庚申塔にも見られる。華蔵院《けぞう》（東京都荒川区尾久）の塔は、角柱正面に「奉庚申供養九橋講中二世安楽祈所」、その右に「武州豊島郡上尾久村」、左に「享保九甲辰天（一七二四）十一月廿日」と彫り、左右の側面には一〇名ずつ姓名が記され、裏面に「此地内永代田端村から□□より　為請取此書印仕候もの也」と彫られている。九橋という字名はないが、これはおそらく橋の数であろう。その位置が田端村に近かったので、上尾久村の講中で架けたと思われる。

11　庚申信仰と道しるべ信仰

石仏の道標銘には二種類ある。一つは彫像や銘文の間、いわば余白部分に道標銘を彫り、通行人の利便を図るもの、いま一つは道案内という善行を行うことで、信心する神仏の供養になるというものである。

前者の場合は、石仏の側面・裏面に東西南北、左右の道筋、到着地が彫られている。

後者の場合は、信仰的に有名な社寺・地名を主銘とし、そこへ人びとを導く行為によって神仏への供養とする。あるいは造立者の信仰する神仏の行為の代行など、さまざまな信仰心の現れであり、目的地・寺社銘を大書し、造立者の信仰する神仏は添書きの形で彫られる。

庚申塔の場合は前者がほとんどであるが、後者の例が東京都北区などで二基見られる。

道案内は単なる案内ではない。道は道路だけでなく、道徳的な意味を持つ。『日本大辞典1ことばの泉』（落合直文稿）の「みち志るべ」の項には「路導　①みちの志るべ　千載（和歌集）まだ志らぬ人をはじめてこふるかな　おもふ心よみち志るべせよ、②行く路の志をりにたてたる杭」とある。

『南総里見八犬伝』で、犬塚信乃の母手束が子生みの願をかけた「滝野川なる岩屋」があった源頼朝布陣伝説の古寺紅葉寺（金剛寺、東京都北区滝野川）に、岩屋弁才天への道標銘を彫った二基の庚申塔がある。二基ともこの道筋に立てられたものである。舟型の一基は延宝八年（一六八〇）建立で東京都北区滝野川と豊島区の区境から移建されたものである。板碑型の一基は貞享元年（一六八四）のもので、かつては豊島区内のお岩さまの墓所がある妙行寺そばの都電踏切にあった。付近の幼稚園児の事故死により一時撤去されそうになったが、付近に住んでいた紅葉寺の檀家により移建されいまは門前にある。延宝八年塔は道標銘が改刻された可能性がある。板碑型のものが四年後であり、当初からの銘と考えられるが、原造立地が板碑型と現在地の中間になるので、板碑型造立以後の改刻と考えられる。

第五章　「むかし」と「いま」を結ぶ庚申信仰

1　庚申と神道

猿田彦大（太）神

江戸時代の神道家山﨑闇斎（一六一八〜八二）は、橘三喜（一六三五〜一七〇四）などと庚申には猿田彦大神を祀ることを強くすすめたので、仏教信仰者も猿田彦大神を庚申の神とした。

ことに『司曹雑識』（著者不明）には「自分の悪事を天帝に報告されるからと、徹夜して三尸を封じ込めるのは誤り」として、道教の三尸説による庚申待を否定しつつも、悪事をするなということは「神道の教えにわずかでも叶っているのだから」、大人《たいじん》は「三尸が上天することが現実にはありえなくても」悪事をする人への戒めともなり、庚申待の行事を認めてよいという。

猿田彦大神とは、天照大神の孫ニニギノ尊が高天原から日向国高千穂の峰に天下ったとき、道案内をした神である。これによって、祭礼のときなど神の道案内をする役目を持ったのである。猿田彦大神はアメノウズメノ尊と結婚したことから、双体道祖神はこの二神ということになっている。

祭行列を先導する人が持つ金棒は、釈迦が山野で修行する僧侶に持たせた蛇除けの錫杖《しゃくじょう》がもとで、それに続く一本歯の足駄をはく天狗が猿田彦大神、神楽を踊る「おかめ」がアメノウズメノ尊ともいわれている。

この猿田彦大神には、サイノカミ・セーノカミ・ドウソジン・ヤチマタガミ・ミチノカミなどの名称があり「道陸神《どうろくしん》」とも呼ばれる。このほか「都波（婆）岐大神・国之底土神・興玉の神・八街神・岐《ちまた》神・大田神・幸（塞）神」などの呼び名も用いられる。

庚申信仰との結びつきは、やはり猿田彦大神の「猿」の字にあったのであろう。小花波平六氏が指摘した、千葉県吉川市にある塔は青面金剛像、庚申などの信仰対象を削り取って猿田彦大神と彫りなおした塔で、都波婆大神も彫ってある。これらの塔は二〇基あるが、年号は幕末なので、自然石の塔などは庚申銘であったと考えられる。庚申などの文字を削り取った時期は、明治元年（一八六八）に発せられた「神仏判然令」（神仏分離といわれる）によると判断される。

庚申信仰と猿田彦大神との関係は、さらに二つの信仰との結びつきへと展開した。一つは富士信仰、一つは道祖神信仰である。富士信仰の祭神はニニギノ尊の妃木花開耶姫尊《このはなさくやひめのみこと》で、猿田彦大神がニニギノ尊の道案内をしたところから道祖神信仰となったのであろう。

猿田彦大神の庚申信仰はきわめて地域性が高く、庚申塔造立数からみて他地域とは異なり、千葉県流山市では一二基を数えている。しかも、仏像型（丸彫）の像を四基ふくんでいる。最大のものは須賀神社にある文政六年（一八二三）のもので、中空の雲座のなかに三猿像が納めてある。これは天の八衢に立ち天孫の降臨を待つ姿で杖を突き、風が裾・袖をなびかせている。他の像容でも、正面を向いて立ち杖の頭に両手を重ねて立つ姿である。片手で杖をつくものもある。これらも掛軸とされたので、庚申待の信仰対象となっていく。

猿田彦大神の軸は、栃木県庚申山（日光市足尾町）の猿田彦神社の出したものである。中央に「天津祖庚申猿田彦大神　御七名」と記し、右に日、左に月が瑞雲に乗る姿を描く。赤い日の右に地津主《くにつぬし》として大巳貴神《おおなむちのかみ》（大黒天）、左に人津霊《ひとつたま》として少彦名命《すくなひこなのみこと》（恵比寿天）を描き、中央の神名を「開運」の二字で挟む。その下に道祖神・寿命神・金神・塩竈神・幸神・縁結神・船玉神と記す。その下に榊を両手に持ち裾を翻す猿田彦大神、さらに大国主神・少彦名命の二神を描き、下に「日光庚申山」と横書されている。

巣鴨庚申堂（東京都豊島区巣鴨、図29・30）　この地に庚申塔（板碑であろう）が建てられたのは文亀二年（一五〇二）である。その後、明暦の大火（明暦三年〈一六五七〉）のとき、復興のための材木が倒れてくだけたので、それを埋めた塚の上に新しく板碑型の塔を建てた。これが

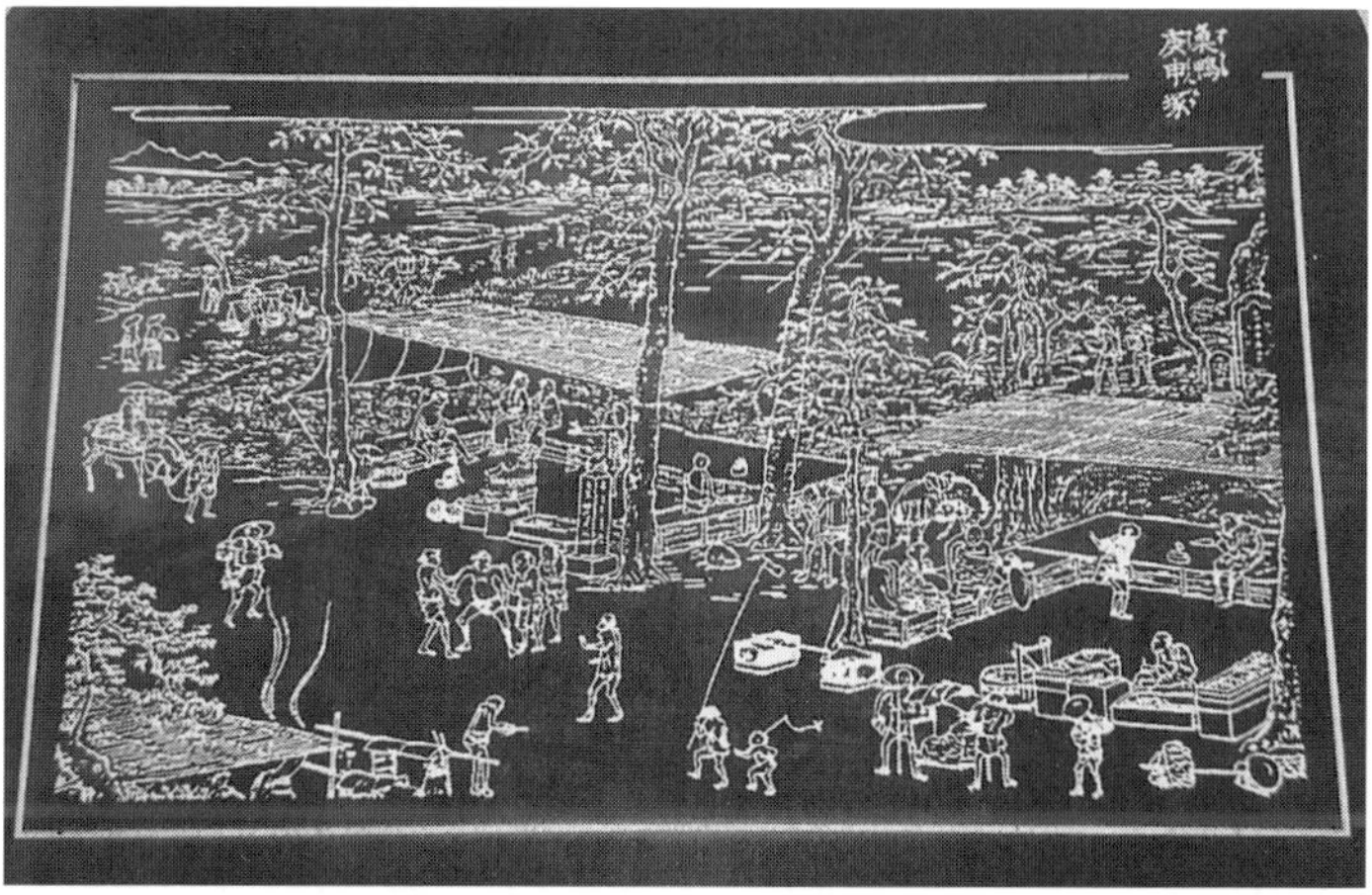

図29　中仙道（中山道）巣鴨庚申堂縁起碑　図中央右端の板碑型文字碑祭祀（『江戸名所図会』より、〈東京都豊島区西巣鴨　巣鴨庚申堂〉）

図30　巣鴨庚申堂境内　中央の庚申祠に板碑型文字塔　明暦三年祭祀、堂前右に縁起碑（東京都豊島区西巣鴨　巣鴨庚申堂）

現在の塔である。戦災で焼損したが、その全容は三輪善之助著『庚申待と庚申塔』（不二書房、一九三五年〈第一書房、一九八五年復刻〉）にその図が掲載されている。現在も紀年銘・主銘の大部分は残っているが、焼損で造立者名の一部は欠損し全体的に読みにくくなっている。

向って右に「明暦三年丁酉」、左に「三月吉祥日」の紀年銘、中央の主銘は胎蔵界大日如来の「ア」、金剛界大日如来の「バン」、すべてを成就する意味の「ウン」（このア・バン・ウンは江戸初期の庚申塔に多い）の三種子（神仏を現す梵字〈一字一尊ではない〉）に続き「奉造立一基庚申現当二世攸《のところ》」と彫られている。

明治初年に銚子市の猿田神社の祭神を分祀し、猿田彦大神・大巳貴大神・少彦大神を祀ったのである。

この庚申堂は近隣四町会の人びとによる猿田彦大神（巣鴨庚申堂）奉賛会によって守られ、大晦日の深夜から元旦未明にかけて初詣の人びとを接待している。賽銭が多く集まったときは、その一部を青少年育成委員会および小・中学校に寄付するなど、参詣人・地方公共団体へ暖かい心遣いを見せている。春の大祭には門前の中山道旧道の「地蔵通り商店街」に行列ができるほどである。建物を守るご利益があり、お清めの塩を頒布している。この塩は日を選んで夜半に建物の四隅にまくという。このため塩を奉納する人も多い。次の庚申日をかならず掲示しているのも、多くの参詣人への心配りであろう。大晦日にはバスで初詣に来る団体参拝もあり、元日の未明まで甘酒の接待が行われている。

青面金剛塔から猿田彦大神塔へ　後述する東京都北区の猿田彦大神銘の庚申塔二基は造立過程・宗教的環境から見て庚申信仰の展開を如実に物語っている。

一基は赤羽台団地に立てられている。後述の諸塔とともに覆屋内にあり、掲示板がたてられている。

現在は同じ場所に享保五年（一七二〇）、享保七年の青面金剛が並んで建っている。造立者銘は、前者は男性六名であるが、後者は青面金剛塔としては珍しく男性二〇名、女性二二名である。「金五郎」という名が両方に見られるが、猿田彦大神塔は「猿田彦大神」の下に三行「当初　講中　廿七人」の造立者銘がある。自然板石の塔の裏には嘉永四年（一八五一）の紀年銘があり、小形で年紀不明の青面金剛とともに覆屋内に建てられている。その表には石造水盤と台石と思われる一対の角型の石があるが、水盤・台石ともに題経寺（柴又帝釈天）の寺紋が陽刻されている。水盤には大正七年（一九一八）の紀年銘があり、青面金剛─猿田彦大神─題経寺という信仰の広がりがうかがえる（図31・32・33）。

庚申待の主尊の変遷を物語る塔が北区の諏訪神社に一基ある。自然板石の「猿田彦大神」塔で造立は「村講中」である。村とは旧袋村（現赤羽北一〜三丁目、桐ヶ谷一・二丁目、赤羽台三・四丁目、赤羽三丁目）で、元禄十六年（一七〇三）を初めとして、享保十七・十九年、天明五年（一七八五）の塔はすべて青面金剛塔で道をへだてた参道にある。天保十三年（一八四二）塔のみ「庚申塔」銘の文字塔（図34）で安永七年猿田彦塔とともに境内の参道にある。

図31　猿田彦小祠（東京都北区赤羽台団地）

図32　猿田彦小祠境内掲示板（東京都北区赤羽台団地）

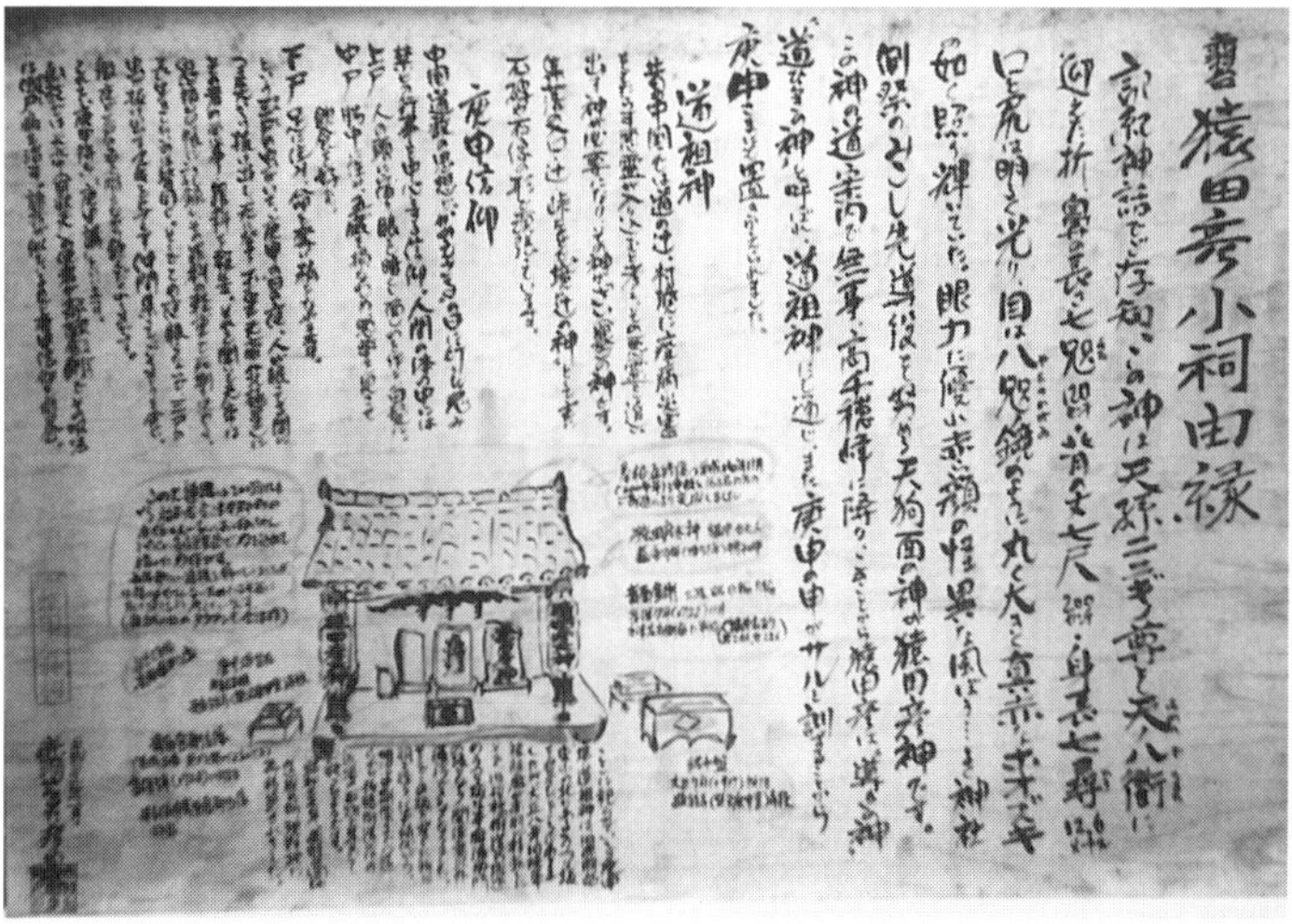

図33　猿田彦小祠境内掲示板（同祠由縁図）（東京都北区赤羽台　赤羽台団地）

同講には、天保元年から慶応二年（一八六六）三月までの『庚申待古連名簿』が伝えられており、講日・庚申日（講の日が庚申日以外の場合）・講宿・講中数（参加者）・講銭、使途―砂糖・大豆・黄粉、残銭などが記載され、そのなかに天保十三年六月の記録がある。

庚申塔　勝右衛門　石代金三分二朱　酒代三百七拾弐文　かし百五拾文　ふせ銀壱匁　ろうそく壱丁　米だんご酒弐匁出
〆五右衛門

明らかに庚申塔を建立した寄合費であろう。

しかも、天保十三年銘の庚申塔は諏訪神社境内に存在している。ただ、これは文字塔なの

図34　角柱型庚申塔　天保十三年（東京都北区赤羽北諏訪神社）

で、刻像塔の価格でないのが残念である。

すでに多年に及んで数基の青面金剛の刻像塔を建てていた袋村講中が、文字塔にせざるを得なかったのは、幕府の意向に配慮したとしか考えられない。この庚申塔は、高さ五九センチ、幅二八センチ、奥行二七センチの角柱で、正面右に「天保十三寅年六（　）」、左に「東岩淵宿渡船場（　）」と紀年銘と道標銘を彫り、中央に「庚申《こうしん》□（塔）」、左側面に「南野みち」（野みちとは主要道以外の道をさす）、右側面に「当村かしば」、背面に「西中仙道志村より戸田渡船（　）」と彫られている。この文字塔（図34）が三分二朱（四朱で一分、四分で一両）で作られたことがわかる。この文字塔の隣にある安永七年（一七七八）の塔は青面金剛塔である。

青面金剛の刻像塔・庚申塔銘の文字塔を建ててきた同講は、明治十一年（一八七八）には「猿田彦大神」の文字塔を建立し、庚申待のときには「道祖猿田彦大神　十世藤原照腥（照清）花押（落款）」の軸をかけている。照清（一七八四〜一八三八）は富士講村上派一〇世である。『古連名簿』は慶応二年以降消失し、明治三十八年（一九〇五）から昭和十三年（一九三八）

までの記録が残されている。これを受けて同年七月二十七日から昭和六十一年九月十三日にいたる『庚申待連名簿』が伝えられている。

『庚申待連名簿』によると、昭和十九年十一月一日にB29が一機東京上空に飛来した。続いて二十四日多摩地区をはじめ埼玉県南部・東京都葛飾区、二十七日には都内各所が空襲され、三十日には初めて夜間爆撃が行われた。十二月にはいると、三・六・七・九・十日以降連夜の空爆が続くなか「庚申待」が行われた。もっとも燈火管制下では昼間行ったそうである。

『連名簿』を繰って驚いたのは、昭和二十年四月二十一日の記述である。当時の講中九家で例年どおり講銭を五銭ずつ納め、内三五銭を砂糖代として支出している。この月十三日夜半から十四日にかけて東京都北部を中心とした大空襲があった。つまり袋村講中は空襲下でも庚申待を行っていたのである。そして終戦後初の庚申日を迎えたのは、その四日後の八月十九日であった。その時どのような会話が交わされたのであろうか。連名簿・三合枡・香炉・掛軸を納める箱が講中から寄贈されたことに気分一新の気運を感じる。箱の側板には「昭和二十年八月吉日」と寄贈者の墨書がある。蓋は旧箱を修理して使っており、「庚申待講中　元治元年（一八六四）甲子　七月廿二日」の墨書がある。

同講の建てた享保十九年の庚申塔には「右練馬道」・「左板橋道」、天明五年の庚申塔には

「是より東川口わたし場十五丁」と天保十三年塔と同様に道標銘が彫られている。青面金剛塔（道標銘）―庚申塔（道標銘）―道祖猿田彦大神掛軸―猿田彦大神塔が同講の信仰形態の変遷であろう。

なお、同講建立の庚申塔一基がやや離れた満蔵院境内にある。青面金剛塔ではあるが風化が激しい。造立は天明三年（一七八三）である。

以上、すべての庚申塔は造立地から現在地へ移されたものである。祭具一式は現在近くの寺院に納められている。

猿田彦大神（掛軸）

庚申待の主尊として猿田彦大神が各地の庚申講で祀られるようになると、さらに形象化されたようである。

青面金剛は大津絵に形象化され、これに刺激されて仏画・浮世絵化したと考えられる。猿田彦太神の場合、その制作経過は今後の課題であるが、多種描かれている。

巣鴨庚申堂奉賛会には三幅の掛軸がある。一幅は彩色画である。右端上部に「下野国足尾庚申山鎮座」と記され、飛雲に乗る日月を描いているが、中央の神名は「天津祖庚申猿田彦大神」と記され、右に「地津主甲子大巳貴大神」（大黒天）、左に「人津霊己巳少彦名大神」（弁才天）と記されている。

この二神名の間に「御七神」と記し、その下に道祖・寿命・金・塩竈・幸・縁結び・船玉神を並べて描く。図はほとんど変わらないが、一番下に「庚申山御本社」と記し、小型の角印を捺してある。印はご朱印である。彩色の軸と対応すると、「御七名」が「御七神」に、「日光庚申山」が「庚申総本社」に代わっている点から見て、これは「神仏判然令」以後の軸であろう。

同奉賛会にあるもう一本の画軸は雲上で榊を抱く彩色立像画であるが、猿田彦大神の画軸としては珍しく正面を見つめる。おだやかな表情の老翁で、その上に「猿田彦大神」と大書されている（以上『巣鴨庚申塔造立五百年記念』巣鴨庚申堂奉賛会、二〇〇二年）。

猿田彦大神の軸は、天の八衢に風に吹かれて立つ姿のほか、榊に大木を斜めに抱えて立つ姿や、これを突き立てて雲上の岩山に立つ姿、向って右の手で剣の鞘を握り左の手で榊の枝をかつぐ姿などがある。異色のものは美作国吉野郡三宮大明神の軸（東京・三井淳生氏蔵）である。雲の上に太陽が上半部を出し、向って左を向く猿田彦大神が岩座に立つ。右の手で腰に横たえた剣の鞘を握り、左の手で矛を立て、その前の二つの岩座に榊の枝を持った猿が一匹ずつ坐る。さらにその前に雄を向って右に配した鶏のつがいを描いているものである。神号は「猿田彦大神」となっている。猿と鶏の配置が庚申信仰の影響をうかがわせる。

猿田彦大神と天鈿女命の画像で、千葉県銚子市の猿田神社のものは鏡をかけた矛と榊を握る猿田彦大神の向って右下に十二単の天鈿女命を描く（以上『謎のサルタヒコ』創元社、一九九七年）。猿田彦大神が持つ榊は、玉串のように整った形になっており注目すべきであろう。足尾の庚申山猿田彦神社のご神像もこのような榊をかたどったものを持っている。

東京都豊島区長崎六丁目で庚申の集り（庚申待・庚申様と呼んでいる）を行っているが、掛軸は雲上の岩に半跏踏下げの仏像形で腰掛け、左手に根こぎにした葉の繁った榊を持つ。右手は剣の柄頭にかけているが、眼差しはおだやかで、背景にある太陽も横雲の間から姿を見せ、やわらかい光を送っているという。このように猿田彦大神の軸にはさまざまなものがある。

青面金剛庚申塔は大津絵が原点と考えられるが、猿田彦大神は道祖神と習合すると天鈿女命と二神並立で、持物も矛がほとんどとなる。掛軸は富士信仰関係のものもある。

道祖神（文字塔・双体像）

道祖神には像容塔と文字塔がある。文字塔と単体像の銘文には、六・陸・禄のように「ろく」と読める文字、岐・衢など「ちまた」と読める文字、塞・賽・妻・西・才・幸など「さい」と読める文字を含んだ熟語に、「神」をつけ、「道祖神」のほか「どうろくじん・さい（さえ・せー）のかみ」「ちまた・やちまたがみ」「みちのかみ」と呼ばれ、道の神、境を守る神、魔を除く神、子供たちの神、旅の神とされた。

山梨・長野両県、関東北部・西部一帯にある双体像には、手をとり合って二人並ぶ「和合像（ただ二対で戒名のあるものは墓石）」、酒を酌み交している「祝儀像」、抱き合う「抱擁像」、数少ないが子供を配したものまである。このうち猿像やそれを表す語句を彫ったものもあるが、これは猿田彦大神を道祖神の祖とする考えから庚申信仰と習合したものである。

双体像のほとんどは、猿田彦大神を向って右に、天鈿女命を左に配している。猿田彦大神が、和合像でも祝儀像でも矛を持っているのは、道を守る神としての道祖神の意識が強かったためか。掛軸では雲上の天の八衢にたつ姿が多いが、なぜか道祖神としては雲があっても強い風に吹かれている感じはない。

天鈿女命の多くは檜扇を持つものが多い。片手をあげてその先をさす姿は、道祖神が道の神であることを強調したものであろう。

二神がともに踊っている像も見られる。双体像は矛で男神を、扇で女神を現したといえよう。天鈿女命にはくつろいだ姿のものさえある。

祝儀像の場合は、猿田彦大神は盃を、天鈿女命は徳利などの酒器を持つものが多くみられる。なかには天孫ニニギノ尊が高千穂の峰をめざす途中、猿田彦大神の真意を聞きだすため、和の意志をしめして迫り、天孫案内を目的としていたことを確認し、復命した神話の光景をそのまま双体像に現したものなど、掛軸には見られない図柄のものまである。

道祖神（塞神塔）

先に庚申塔の文字銘や像を削って猿田彦大神塔とした例を記したが、その代表的な例が塞神塔である。これは庚申懇話会編『日本石仏事典』（雄山閣出版、一九七五年）の塞神塔の項に要約して次のように記してある。

「サエノカミ」に「塞神」の字をあてたのは国学者平田篤胤である。復古神道の立場で、庚申信仰を延喜式四時祭の一つ、道饗祭に比定して年二回の同祭に庚申待ちをあわせるほうがよいとした。この教えを強く受けた忍藩の庚申塔には表面を削って「塞神」と刻んだものが多く行田市の庚申塔の三分の一は、この改刻の影響を受けたといわれる。昭和三十八年これに気づき、しかも平田篤胤没後の門人で、のちの社寺掛を勤めた木村御綱などが指導して強烈に進められた結果である。

石塔に庚申銘や猿像がある場合でも、塔の主銘と造立銘の彫り方には充分に注意する必要がある。

2 今に続く庚申信仰

庚申信仰は、古代中国の不老不死信仰に発して、日本では現当二世安楽信仰・所願成就信仰となって伝えられた。多くの庚申関係石造物が小地域を単位として造立されたため、人びとは地域を守る神仏として受け継いできた。昭和五十五年の庚申年にも各地の庚申講によって庚申塔の造立が行われている。

すでに建立されている庚申塔にも商店会や町会などが管理するものが見られる。各地にあった庚申講が数えるほどになったことを憂えて、これを文化財に指定する自治体も多く見受けられるようになった。

庚申講減少の原因はさまざまであるが、地域社会の事情も大きく影響していると考えられる。再開発の道路計画などで旧家が改築しても、同じ間取の家を建てることは不可能となる例が多く見られる。生活スペースが主で一時的に集合するスペースが減少したためであろう。

庚申塔を拝む（神社）

庚申塔は、寺院のみに建っていると思いがちであるが、町の守り神として付近の神社に移されているものも多い。なかには、荒川区の諏訪神社や素盞雄神社のように、境内の一画に並べて建てられているところもあるが、多くの場合、参道や社殿の脇に建てられている。ときには、境内に建てられた塔を覆屋で守っている例がある。拓本をとったり銘文を読むときなどは神社にお願いして許可を取ることが必要である。

東京都北区柏木神社内の稲荷神社の石祠には、扉はないが正面に「稲荷大神」の祭神銘、側面に「奉供養」・「講中」と彫られ、その間に横書の「庚申」銘があるので「庚申石祠」の改刻であることが判る（一三六頁参照）。

数は少ないが、狛犬（窪徳忠『庚申塔の研究』日本学術振興会〈一九八一年〉には東京都新宿区鎧神社境内社の天神社の享保六年〈一七二一〉造立の例をあげている）に庚申銘のあるものも見られる。

最近、若松慶治氏は品川区戸越八幡神社の狛犬が多数の庚申講によって、延享三年（一七四六）に建立されたことを発見した。庚申信仰関連の石造物を、付近の多数の庚申講が協力して奉納したのは特例であろう。

庚申塔を拝む（寺院）

寺院には、門前・境内のほか墓地に建てられていることがある。寺院の場合は、多少の例外を除き住職などの個人住宅と直結するので、訪問する際、配慮が必要である。

なお、葬儀などのときには拝めないこともあることは、充分に注意しておかなければならない。仏像を拝ませてもらう場合、法事によって拝観不能となることもしばしばある。

寺院境内の諸堂を見る場合でも、事前に了解が必要であり、ことに墓地に立ち入るときは、境内とは別に許可を取らねばならない。庚申塔は無縁塔群に含まれることが多い。

庚申塔を拝む（古道・旧道を歩く）

かつて人びとは庚申塔を路傍に建てた。法的理由で共有地に立てる場合、講中・村中の人びとがいつでも拝めるため、路傍に石仏を建立して、これに道標銘を彫ることで道案内をするため、とその理由はさまざまである。

古道・旧道と記したのは、中世以前の道筋を古道、近世のそれを旧道と呼ぶこととしているためである。では古道・旧道と新道をどう見分けるか。これには次の点に注意することが肝要である。

1　古道・旧道は、現在の家並から見て、うねっている感じで、極言すれば、無意味としかいえない曲がりが多い。

2　坂道の場合、途中で傾斜度が変化する。

3　特に旧道の場合、道路に面した家の間口までの寸法が、左端と右端では異なることである。これには諸説がある。防衛のために人が隠れるともいうが、道路への向きが同じではない。可能性があるとすれば「馬」である。理由は道路から離れているほうに馬を繋ぐからである。さらに馬や車で運ばれた荷物の一時置場とも考えられる。

4　新道と斜めに交叉する道。

以上、四項の道筋には古社・古寺・小祠がある場合が多く、かつては石仏探しのキーポイントでもあった。最近は重機による石仏の移動も容易になってしまったので、かならずしも石仏と遇えないのが残念であるが、庚申塔に出会うチャンスは比較的多い。

筆者はかつて細い道ほど古い思っていたが、広大な幅員（一二メートル）を持った東京都国分寺市内の「東山道武蔵路」の発掘以来「道筋」と呼ぶこととした。

道筋　i古道、ii古道の跡、iii古道が狭くなった道、iv古道を広げた道、v古道が埋まった道、vi古道とその目的を同じくする道、vii古道または埋まった古道と並行してほぼ同径路をとる新道、以上のi〜vii項を含め「古道（固有名）の道筋」と呼ぶ。

文化財指定の庚申講の例

東京都江戸川区は区内の三庚申講を、区登録無形民俗文化財・風俗習慣に指定している。以下その模様を『江戸川区の文化財　第五集』（一九八八年）により紹介する。

上今井南の庚申講　江戸川三・四丁目　旧上今井村地区　保持団体　以上　庚申講

江戸時代から旧上今井村（江戸川三・四丁目）に組織されていた庚申講のひとつで五軒の講員が、庚申の夜に当番の家（頭屋《とうや》）に集まります。

頭屋は、あらかじめ庚申さまの掛図をかざり、お神酒をあげ、供え物を供えます。午後七時頃から講員が集り、庚申さまを拝み、太鼓をたたいて題目を唱えます。心経奉讃文・般若心経などの経をあげ、ふたたび題目を唱えます。

その後は、供えたお神酒や供え物をいただきながら歓談に移ります。本来はそのまま一夜を明かすのですが、今は九時頃に解散しています。

古くからの形態をよくとどめています。宗派にこだわらない包容性も民間信仰の特色を示すものといえるでしょう。

写真を見ると燈明をともし、線香も見える。庚申さまの掛図は、日月・青面金剛・二童子・四夜叉に三猿二鶏です。お神酒に線香で神仏混交の姿が見られます。太鼓は、お題目の調子を取る団扇太鼓です。

椿の庚申講　春江町二丁目　椿地区　保持団体　以上　椿庚申講

春江町二丁目に住む小原一族を中心として構成され、九名の講員がおります。

数年前までは、庚申の日におこなっていましたが、現在は毎日一回、当番の家（トウヤ）の都合のよい日におこなわれています。トウヤの家では、前番の家から引きついだ「庚申さま」（青面金剛）の掛図を床にかかげ、供え物を祭壇にかざり、会食の料理などを用意します。やがて夕方七時頃になると、講員たちがトウヤに集まります。そして「ホウガンサン」のリードで、まず庚申さまを拝し、読経に入ります。そのなかには般若心経などがありますが、「庚申」と呼ばれる「青面金剛真言」がかならずとなえられます。三〇分ほどで勤行が終ると会食に入ります。神人同食といい、こうした信仰の行事には欠かせません。土地の出来事や仕事の打合せなど、午後十一時頃まで歓談し、お互いの信仰を深めています。

前項では「頭屋」、この講では「トウヤ」、次の講は「当屋」と当番の家の表現が違うのが民衆信仰の特徴といえる。神人同食は、神事のときは「直会《なおらい》」と呼ばれている。庚申講なので会食である。その席での仕事の打合わせは近世からの庚申講の成果の一つである。

桑川の庚申講　東葛西一丁目　桑川地区　保持団体　以上　庚申講

旧桑川村の講員一六軒で構成されています。原則として庚申の日に、当番の家（当屋）へ集まります。桑川神社（東葛西一丁目）参道脇の庚申塔（石造青面金剛立像《りゅうぞう》）に参拝し、当屋の祭壇には庚申さまの掛図を掛け、お神酒と供え物を供え、燈明をあげます。そして青面金剛真言や般若心経をあげて勤行し、当屋の用意した食事をしながら歓談して信仰を深めています。

庚申塔と庚申講の結び付きを示すものである。庚申塔を当日参拝してから庚申待を行う事例は少ないだけに、この継続は喜ばしいことである。

江戸川区の三例を見ただけでも、それぞれに特色が見られる。三講とも地域の親交につとめており、近世の庚申待の様相を偲ぶことができる。

このように、江戸時代に多くの庚申講が生れ造塔されたことから、信仰の固有説もあるが、その多彩なありようは、むしろ既存の宗教にこだわらない外来文化の自在性にあるといえよう。

復活した庚申講

東京都北区日枝神社には板碑型の庚申塔を納める小祠がある。庚申塔は、板碑型で六臂の青面金剛の像が彫り出されたものであるが、上の脇手は向って左に輪宝、右に矛、真手には蛇を持つ。左の脇手には丸く輪になった蛇を持ち上げる。下の右脇手は鈴《れい》を持ち、左脇手は肩のへんに上げて剣を持つという。「初期大津絵」に見る形に似て岩座に立ち、下に雌雄の向き合う鶏、中央に「聞かざる」を配す。一猿二鶏という珍しい像容の塔で、右の縁に「奉納庚申待供

養二世安楽所　施主」、左の縁に「延宝四丙辰天二月吉日武州豊島郡十条村　敬白」と彫られている。年代より古様の大津絵様式の塔である。区の広報誌『北区ニュース』の「区内石造文化」の連載で扱われたのを機会に、昭和初年に途絶えた庚申講が塔造立三百年の昭和五十一年に復活された。

庚申塔は町を守る

千葉県浦安市猫実の庚申塔は駒型で、上部に日月（月は左側に三日月型）、合掌六臂の青面金剛（鬼座）像の陽刻があり下部に二鶏がある。これを主塔として小祠や数多くの石仏のある一角を石の玉垣で囲ってあり、その入口の外の左右に衣冠をつけた猿の石像がある。左側にある明治年間の石造水盤は二匹の猿の石仏が支えている。

土地の若者は、天候が荒れて仕事ができないときなど力較べをしたという。その時に使われたのであろう。九〇貫余と彫られた「力石」もある。力石は両手でウエイトリフティングのように差し上げたり、持ち上げたり、かついでその回数を競い合ったが、勝った石に自分の名を彫って社寺に奉納した。

筆者が知る限り、一〇〇貫と彫ったものが新宿区市ヶ谷八幡宮にあり、九三貫と彫ったものが墨田区江島杉山神社にある。その地は竪川沿岸で船大工町が近かったという。浦安はかつての漁師町の名残であろう。社寺にある力石はここでは庚申塔の前にあり、人びとはこの一画を「西の鎮守」と呼んでいた。この地をはじめて訪れたのは昭和三十三年であったが、そのころには離れた土地へ嫁入りする人のなかにこの庚申さまにお参りする人もあるように聞いた。

台石を三段重ねた上に建てられた主塔は、鎹《かすがい》で表裏を合わせせられていた。このときに会った世話人の話によると、この塔は三百年以前に、しょうわじょうげん、または、じょうにんあらたかな塔で、この石の合わせ目に書き物が納めてあり、町の救済方法が記してあるという。(沢庵和尚のことという)が建てたもので、日本(あるいは関東)に三体しかないきわめて霊験

かつてこの塔を土盛りして上げようとしたが、どうしても動かせず、世話人が一週間水ごりをした後、やっと動かせたという話であった。

家族で行う庚申待

ある会で「庚申信仰」の話をしたところ、参加者の女性は、子供の友達が「今日はコウシンの日なのでうちでは夜中起きている」といっていたという。しかしその家族は官舎から移動した後、住んでいた地域は不明であるという。

庚申塔の移建

庚申信仰関係の石造物のなかには、土地の再開発にともない移建されたものが少なくない。東京都北区の例を取り上げる。

道路の拡幅により、万治二年（一六五九）十月造立の板碑型庚申塔を移建する際に、移建先（現在地より東南約三〇〇メートルの所にある三叉路の児童遊園脇の三角地）の地図を標示し、予告期間終了後に移建された。この移建地にも承応三年（一六五四）二月造立の板碑型の塔が建てられていたので、それに並べて建てられた（以上は北区立郷土館シリーズⅣ『北区の庚申』〈東京都北区教育委員会、一九八三年〉に載せられている）。

造立銘は承応の塔が「武州豊島郡十条村道行七人」、万治の塔は「武州豊島郡十条村同□（輩？）七人」で、主銘は「奉供養庚申待二世安楽攸」で同じである。五年の間隔で造塔したのであろうか。ただ万治の塔は「庚」が「康」の異体字で銘文の彫りも太字となっており、塔下部の蓮華像は他に例を見ないほど複雑な構図で精緻に彫ってある。

なお、この地は国有地で鉄柵で囲うこととなったので、信仰者のために一部に施錠しない扉を設けてほしい旨を伝え、供花者の便を図っている。

庚申塔の環境整備（平成十七年の庚申信仰）

これも東京都北区の例であるが、滝野川の道の分岐点に庚申塔と聖観音菩薩塔が並んで立っている。いずれも下部に道標銘が彫られていたが、灌木の植え込みのなかで木が育ち、中間部に彫られた道標銘でさえ、完全に読むことは不可能な状態になっていた。そこに「庚申さまの庚申塔は荒れてまいりましたので現在改修工事をしています」と書かれた一枚の立札が平成十七年秋に立てられた。残念ながらいつ立ったのか判らなかったが、一ヶ月ほどして分岐点の植え込みはすべて撤去され、砂利敷きの基壇が設けられ、両塔が整然と並べて建てられていた。これこそ、平成十七年に庚申信仰が脈々と受け継がれている証しである。そこでこの両塔を紹介しよう。

駒型の庚申塔は青面金剛の像を陽刻し、周囲は縁を残して彫りくぼめるという特殊な彫り方で、向って右の縁の中間部に「是より右王子道」、左の同部分に「是より左弁天道」と彫られている。青面金剛の上の脇手は右に輪宝を、左に矛を持つ。真手は右に女人、左に剣を持つ。下の脇手には弓矢をもつ剣人六臂像で鬼座に立つ。岩座の下は、右から見ざる・聞かざる・言わざるの三猿、その下に造立者銘（八名）、右側面に「元文五庚申　十二月吉日」、左側面に「武州豊嶋郡滝野川村」に並べて「江府狛込石工　宇衛門」と彫られている（図35・36）。

この塔の日月は、落下する水滴のように一端は丸く、一端は尖っていて左右にあり、表面には複雑な模様が彫られ、雲にかくれた日月の感がある。石彫工芸の極みである。石工銘のある石仏は注目にあたいするものが多い。

並んで立つ聖観音（なぜか馬頭観音ともいう）にも王子道の道標銘があるが、下部左に「左

図35　駒型剣人六臂青面金剛庚申塔　元文五年
新環境（東京都北区滝野川）

図36　図35の旧環境（東京都北区滝野川）

いわ八《や》べんてん　せん里《り》うのたき」とある。二ヶ所とも江戸の名所として有名で、『南総里見八犬伝』に巣鴨庚申塚とともにでている。八犬伝の主人公、犬塚信乃《しの》の母が願掛けに日参したのが「いわ八べんてん」と呼ばれる紅葉寺（金剛寺）崖下の弁天洞窟（近くに滝もあった）、その途中伏姫の霊とであったのが前述の巣鴨の「庚申塚」である。成人した信乃が親の病気の平癒祈願をしたのが岩屋弁天近くの「せん里のたき（泉流の滝）」とも言われた「不動の滝」である。

古来、小説の舞台となるのは知名度の高い観光地や社寺である。したがって、巣鴨の庚申塚や石神井川沿いの滝が江戸の人びとにも知られていたことがよくわかるのである。戦災時数十人が避難に使った洞窟は狩野川台風で壊滅した。

このように、貴重な地域の文化的情報を伝える道標銘が彫られているのが、庚申塔など民間信仰の対象物なのである。

図37　再建塔・旧塔同様拝礼　合掌六臂青面金剛塔、舟型　元禄九年・笠付角柱型　元文四年（東京都武蔵野市八幡町　延命寺）

新旧の庚申塔を祀る

東京都武蔵野市八幡町の延命寺には五日市街道からの参道左手に数基の石仏を並べた覆堂がある。その端に舟型塔、右に笠付角柱塔があり、いずれも摩滅が激しいが、合掌六臂の青面金剛と三猿像である。その覆堂の左脇には、近年造立された笠付角柱塔と舟型塔があり、堂内の二塔の複製であることが判る。合掌六臂青面金剛像と三猿も彫られており、舟型塔には元禄九年（一六九六）・笠付角柱塔には元文四年（一七三九）の銘があり、台石正面には二〇名ほどの姓名が彫られている。

旧塔が摩滅し複製塔を建てる例はあるが、並べて香華を供える例（図37）は少ないであろう。

庚申信仰が日本に伝わり、八三八年には守庚申が恒例化していたと思われる「庚申信仰」が、さまざまな外来、あるいは固有の信仰と融合しながら二〇一一年の今日まで、脈々と伝えられているのも民衆信仰ならではのことであろう。

石仏めぐり（月例会）

私どもの「庚申懇話会」は、月例会として毎月一回各地の石仏と、その地の歴史を探訪している（ただし一月は第一日曜〈元旦から三日の場合は第二日曜〉には、七福神詣でとその社寺の石仏案内、八月は休み）。楽しく話し合いながらの会である（申し込み先は次のとおり）。

〒一七五－〇〇四五
東京都板橋区西台三―二九―一一―Ｅ
庚申懇話会事務局　若　松　慶　治
（http://members.jcom.home.ne.jp/ho-waka/index.htm）

○庚申懇話会

本会は昭和三十年代前半、庚申信仰を宗教と民俗の面から考えていた二つのグループを、練馬郷土史研究会の平野實氏が仲立ちして発足した。

初期のメンバーは、道教研究の窪徳忠氏を顧問に、三輪善之助氏を会長とし、地域の庚申塔調査研究の清水長明・石川博司、板碑研究の縣敏夫、神道研究の荒井廣助、百庚申調査研究の横田甲一、富士信仰研究の平野栄次、のちに会長となった小花波平六などの諸氏であった。

余談であるが、道祖神研究の武田久吉氏(英国初代公使アーネスト・サトー氏の長男で、英王立バーミンガム大学卒。日本山岳会会長で尾瀬発表者)は、東京にいるときはかならず会に出席し談笑していた。

小花波氏は、先祖が残した石仏を理解して、貴重な文化財として語り継ぎ、地域的な背景を知ってほしいと、昭和五十一年十一月七日、多くの人を集め、平野氏が品川方面を、同二十八日には筆者が飛鳥山~早稲田の都電沿線めぐりを企画した。参加者が話し合いながら石仏をめぐる会は思いのほか好評で、地域内の石仏めぐりは定例化し、月例会として今日に至っている。

庚申信仰に関する主要参考文献

清水長輝『庚申塔の研究』大日洞　一九五九年
清水長明『相模道神図誌』波多野書店　一九六五年
平野　實『庚申信仰』角川書店　一九六九年
庚申懇話会編『日本石仏事典』雄山閣　一九七五年
庚申懇話会編『石仏の旅　東日本編』雄山閣　一九七六年
庚申懇話会編『石仏の旅　西日本編』雄山閣　一九七六年
東京都観光連盟監修『東京の散歩道（地図の本）』日地出版　一九七九年
一日乗車券　都内めぐり〈交通直募集〉入選「石仏めぐりコース」（芦田正次郎）掲載
庚申懇話会編『石仏調査ハンドブック』雄山閣　一九八三年
石川博司「石仏推計学への期待とパソコン利用」『日本の石仏』二九号　日本石仏協会　一九八三年
庚申懇話会編『石仏研究ハンドブック』雄山閣　一九八五年
日本石仏協会編『日本石仏図典』国書刊行会　一九八六年
庚申懇話会編『全国、石仏を歩く』雄山閣　一九九〇年

庚申懇話会編『石仏を歩く』ＪＴＢ出版事業局　一九九四年
日本石仏協会編『石仏巡り入門』大法輪閣　一九九七年
縣　敏夫『図説庚申塔』揺籃社　一九九九年
石井進・水藤真監修『石仏と石塔』山川出版社　二〇〇一年
日本石仏協会編『石仏探訪必携ハンドブック』青娥書房　二〇〇四年
東京都教育委員会「東京東部庚申塔データ集成〈特別区庚申塔共同調査チーム（千代田・中央・文京・台東・墨田・江東・豊島・北・荒川・板橋・練馬・足立・葛飾・江戸川の十四区）〉」『文化財の保護』第四三号　二〇一一年

著者略歴
芦田正次郎（あしだ　しょうじろう）
一九二六年　東京生まれ
一九四五年　滝野川青年学校卒業
一九八六年　東京都北区文化財専門員
現在　庚申懇話会顧問、武蔵野文化協会顧問、
NPOあらかわ学会顧問、北区史を考える会会員
〔主要著書〕
『仏像見わけ方事典』北辰堂　一九八九年
『動物信仰事典』北辰堂　一九九九年
『日本石仏事典』（共著）雄山閣出版　一九七五年
『角川日本地名大辞典 東京都』（分担執筆）角川書店　一九八六年
『石仏研究ハンドブック』（共著）雄山閣出版　一九八六年

民衆宗教を探る
路傍の庚申塔
――生活のなかの信仰――

二〇一二年四月二〇日　第一刷発行

著　者　芦田正次郎
発　行　慶友社

〒一〇一－〇〇五一
東京都千代田区神田神保町二－四八
電　話〇三－三二六一－一三六一
FAX〇三－三二六一－一三六九
印刷・製本＝亜細亜印刷

©ISBN 978-4-87449-255-0 C1039